L'Ancien Régime
et la Révolution
1750-1815

René Rémond

Introduction à l'histoire de notre temps

1

L'Ancien Régime et la Révolution

1750-1815

Éditions du Seuil

ISBN 978-2-02-000657-6
(ISBN 2-02-005364-0, édition complète)

Avertissement

Si l'usage, au seuil d'un ouvrage, de l'avertissement au lecteur a une justification autre que formelle, c'est bien le cas pour le présent livre. La nécessité l'impose autant que la courtoisie : plus que d'autres en effet ce volume porte l'empreinte des circonstances qui ont précédé sa publication et leur simple rappel est sans doute la meilleure façon d'en définir et l'objet et l'intention. Le livre qu'on s'apprête à parcourir sort en droite ligne d'un cours professé à l'Institut d'études politiques de Paris et qui s'adressait aux étudiants de première année, dite année préparatoire. Enseignement de caractère général, éloigné de toute préoccupation érudite, et qui avait pour seule ambition d'introduire à l'intelligence du monde contemporain un auditoire plus tourné vers l'exercice des responsabilités actives qu'attiré par la connaissance désintéressée. Persuadé de longue date que l'enseignement oral et l'écriture appartiennent à des genres nettement différenciés et qu'un cours, même de qualité, ne fait pas un bon livre, je n'aurais jamais songé de moi-même à livrer à un public les notes dont se nourrissaient mes leçons. De surcroît, je connais par expérience les difficultés de la synthèse, je sais les délais de toute recherche, je suis trop pénétré de la nécessité de l'analyse pour avoir seulement conçu le projet — combien présomptueux! — d'enfermer deux siècles d'histoire dans les pages d'un livre. C'est l'amitié de Michel Winock qui a fini par me convaincre que, si le cours avait pu rendre quelque service à un audi-

toire d'étudiants, sa lecture ne serait peut-être pas tout à
fait inutile à un public plus large, désireux de comprendre
son temps. Si l'on croit que l'intelligence du présent échappe
à qui ignore tout du passé et qu'il n'est possible d'être
contemporain de son temps qu'en ayant conscience des héri-
tages, consentis ou contestés, un enseignement qui a précisément pour propos d'étudier hier en fonction d'aujourd'hui
— et même de demain — ne devrait-il pas intéresser d'autres
que des adolescents en cours d'études?

A condition de ne pas déguiser sa véritable nature et de
lui laisser, pour le meilleur et pour le pire, ses caractères
originels pour la forme comme pour le contenu. C'est ainsi
qu'on a préservé le tour oral, se contentant de supprimer
les répétitions nécessaires à la pédagogie directe et de réduire
la part, insupportable à la lecture, des annonces ou des
récapitulations. Au lecteur de juger si le maintien d'un tour
plus direct, écho assourdi d'un enseignement qui aspirait à
restituer la vie aux événements révolus, compense jusqu'à
l'absoudre le relâchement de l'expression qui en est la ran-
çon presque inévitable.

Les inconvénients pour le fond qui pourraient résulter du
genre justifient qu'on s'en explique de façon un peu cir-
constanciée. Composé pour des étudiants qui avaient étudié plusieurs années l'histoire dans les établissements du
second degré, et qui, à la différence de leurs camarades des
universités qui se destinent à enseigner l'histoire pendant
toute leur vie, n'entendaient pas en poursuivre l'étude
au-delà de l'année en cours, cet enseignement devait à la
fois prendre appui sur les connaissances acquises, supposer
donc connue la relation des faits, et se suffire à lui-même.
Le présent ouvrage n'est donc pas un manuel : il ne présente pas un précis des événements. Il procède le plus souvent par allusions qu'il appartient au lecteur de déchiffrer
et d'élucider : sa lecture ne saurait dispenser de la connais-

sance des circonstances. Avouerai-je que, relisant la version
polycopiée de ce cours, je me suis senti à chaque instant
une furieuse envie de réintroduire, par le biais de notes au
bas des pages, toutes les références précises aux faits qui
n'étaient évoqués que subrepticement? J'y ai renoncé, car
les notes auraient dévoré la totalité des pages : c'eût été
refaire une histoire générale comme il en existe et d'excel-
lentes. Mieux valait laisser à ce cours ses traits d'origine,
défauts compris, plutôt que d'aboutir à un résultat bâtard.

Les inconvénients inhérents au genre pourraient être
aggravés — mais peut-être aussi sont-ils légitimés — par
l'ampleur du sujet traité : deux siècles de l'histoire du monde.
Rien de moins. Ces dimensions, fixées par le programme des
études, ont une justification objective. Si, en effet, l'étude
du passé trouve, à l'Institut d'études politiques, sa raison
d'être dans la contribution qu'elle apporte à la compréhension des situations et des questions, des forces et des men-
talités, qui composent le monde d'aujourd'hui, ne convient-il
pas de remonter jusqu'aux premiers frémissements, annon-
ciateurs du bouleversement révolutionnaire de la fin du
XVIIIᵉ siècle? La Révolution française de 1789 assurément,
mais aussi la vague révolutionnaire qui déferle sur le monde
occidental dans le dernier quart du siècle et qui a son origine dans la déclaration d'indépendance des États-Unis en
1776. Mais comme la signification d'un changement ne peut
s'apprécier que par référence à l'état précédent et que l'appréciation de la portée d'une révolution est subordonnée à
la comparaison avec le régime qu'elle renverse, force est de
rappeler les traits essentiels de la société d'Ancien Régime.
Voilà pourquoi ce cours a pour point de départ, approxi-
matif, le milieu du XVIIIᵉ siècle. C'est donc un peu plus de

deux cents ans, soit la durée de six ou sept générations, qui
forment la matière et mesurent l'étendue de cette synthèse
en raccourci. Deux siècles au cours desquels la figure du
monde, la composition des sociétés, les relations entre les
peuples, les conditions de vie et peut-être même les men-
talités et les sensibilités ont plus changé que pendant les
millénaires antérieurs. La densité de la période accentue
jusqu'à la caricature la pente de tout enseignement à la
simplification. Comment faire tenir pareille surabondance
d'événements dans les limites nécessaires sans bousculer les
évolutions, contracter les temps, escamoter préparations et
maturations?

La tentative est exposée à un autre risque : celui de la
systématisation *a posteriori*. Comme la tentation est forte
pour l'historien, instruit de la suite, de prêter aux événements une rationalité que le contemporain était bien incapable de discerner, et pas seulement à cause de l'infirmité
de son regard, mais parce que la réalité historique ne la
comportait point! A considérer de trop haut le déroulement circonstanciel, on perd de vue la contingence des
enchaînements, l'imprévu des situations. Il est donc essentiel de réaffirmer l'importance de la conjoncture, de retrouver le rôle de l'événement, l'influence des individualités, en
un mot de réhabiliter le fortuit et de restituer sa place au
singulier. Cette profession de foi n'implique aucunement
qu'il n'y ait pas aussi une certaine logique des évolutions.
C'est un faux dilemme que celui où veulent nous enfermer
certaines écoles : l'alternative entre la reconnaissance d'un
déterminisme de l'histoire tout ordonnée à l'accomplissement d'une fin unique et ultime ou sa dissolution en une
infinité de situations sans rime ni raison. Pour ne pas se
laisser réduire à la logique de nos systèmes de pensée et
d'interprétation, l'expérience historique n'échappe pas à
toute rationalité. On peut admettre du même mouvement

que l'histoire présente quelques grandes orientations et que
les processus par lesquels celles-ci se manifestent et s'effec-
tuent comportent à tout instant une pluralité de combinaisons possibles. C'est précisément dans l'effort pour discerner
ces lignes maîtresses et dessiner les axes majeurs de l'évolution au cours des deux derniers siècles que ce cours trouve
sa raison d'être.

Toute étude historique se situe au point d'intersection de
deux dimensions, celles mêmes dont l'entrecroisement définit la position dans l'histoire de tout être et de toute col-
lectivité : le temps et l'espace. Les repères chronologiques
viennent d'être disposés : plantons le décor géographique.
Au dernier tiers d'un siècle qui a vu l'émancipation
des pays colonisés, il ne saurait plus y avoir d'histoire
contemporaine qu'universelle : plus rien ne justifie désormais que notre champ d'observation se limite à l'Europe,
moins encore à la France. L'enseignement de l'histoire en
France a trop longtemps souffert d'un point de vue trop
exclusivement occidental, quand ce n'était pas d'un préjugé
gallocentrique qui conduisait à se représenter l'expérience
des autres pays à travers notre histoire nationale. Or, si
l'anachronisme qui consiste à projeter les préoccupations
d'un temps — le nôtre —, son vocabulaire et ses concepts,
sur le passé, est bien péché mortel en histoire, la faute n'est
guère moins grave qui pousse à imaginer les sociétés contemporaines sur le modèle de la nôtre. Pareille erreur amène à
méconnaître et la diversité des mondes et la singularité de
chaque expérience. Les effets sont encore plus nocifs quand
l'esprit de système, légitimant le préjugé et la paresse intellectuelle, ne craint pas d'ériger en dogme le postulat que
les pays sont tous appelés à passer par les mêmes étapes

d'une évolution uniforme. Qu'il puisse y avoir plusieurs voies possibles, pour aboutir peut-être à la même conclusion, même le monde communiste est en train de le découvrir à travers ses déchirements et ses dissensions. C'est — ce devrait être — une des vertus cardinales de la culture historique que de dilater nos étroitesses et d'élargir notre expérience en nous rendant contemporain d'autres temps et citoyen d'autres peuples. Aussi n'y a-t-il d'histoire véritable qu'étendue aux dimensions du globe.

Et cependant, on le verra, la plus grande part de ces pages reste consacrée à l'histoire de l'Europe. Malgré ce qui vient d'être dit, cette prépondérance conservée à notre continent n'est pas pur arbitraire. Elle a une justification, plus légitime que de simples raisons de fait telles que cet enseignement ait été dispensé dans un établissement français ou encore que notre connaissance du passé soit fort inégale selon les continents. C'est un fait que pour certains, par exemple l'Afrique, leur histoire commence à peine à se constituer : l'absence d'écriture, l'indifférence des historiens européens à l'égard de cette histoire avant la colonisation ont pour conséquence qu'il est impossible aujourd'hui de consacrer aux peuples d'Afrique la part à laquelle l'étendue du continent, l'ancienneté de son peuplement et la diversité des traditions lui donneraient droit. La vraie raison est historique : depuis l'aube des temps modernes l'Europe a joué dans l'histoire du monde un rôle sans commune mesure avec son poids propre. Simple constatation qui n'emporte aucun jugement de valeur sur la richesse des civilisations respectives. Il est vraisemblable que la civilisation de l'Inde ou celle de la Chine ont été plus raffinées que celle de l'Europe; il est certain qu'elles sont plus anciennes : à un moment où les pays d'Europe faisaient encore figure de barbares, l'Extrême-Orient avait déjà atteint un haut degré d'évolution. Il n'en reste pas moins que c'est l'Europe qui, du fait de son avance technique et aussi intellectuelle, a pris l'initiative, s'est arrogé le commandement et s'est portée à la rencontre des autres. Ce sont les navigateurs européens, les explorateurs européens, les conquérants venus d'Europe qui ont découvert, reconnu, organisé, exploité l'univers. Cette antériorité a eu des conséquences incalculables : l'Europe a imposé au reste du monde son organisation politique et administrative, ses codes, ses croyances, ses modes de vie, sa culture, son système de production. C'est par rapport à l'Europe que les autres peuples ont dû, bon gré mal gré, se définir, que ce fût pour l'imiter et se conformer au modèle occidental, ou, au contraire, pour le combattre et le refuser. Dans l'un et l'autre cas l'Asiatique, l'Africain se sont affirmés, ont pris conscience d'eux-mêmes, par référence à l'Européen. Aussi les relations entre l'Europe et les autres continents tracent-elles un des axes majeurs de l'histoire des derniers siècles. Voilà pourquoi, sans se croire infidèle à la conviction que l'histoire doit être universelle, il sera fait aux événements qui ont affecté l'Europe d'abord — révolutions politiques ou sociales, industrialisation, exode rural, systèmes idéologiques, éveil du sentiment national, affirmation de l'État-nation — une place qui pourra paraître disproportionnée et qui le serait assurément si l'on faisait abstraction du retentissement, direct et indirect, que chacun de ces phénomènes a trouvé à l'extérieur de l'Europe.

Une dernière indication s'impose pour achever de préciser l'objet de l'entreprise, relative à la nature des faits considérés : dans la multiplicité des faits qui se proposent à l'observation de l'historien, un choix délibéré a été fait : en faveur du politique et du social. Sans s'égarer dans la recherche de difficiles et toujours décevantes définitions, disons que par politique on entendra tout ce qui se rapporte, d'une façon ou d'une autre, au gouvernement des hommes : organisation du pouvoir, exercice et conquête de l'autorité, forces constituées à cette fin, tensions internes et conflits externes. Quant au social, le substantif société est plus satisfaisant que l'adjectif auquel la pratique a conféré une acception restrictive, comme s'il n'y avait de sociale qu'une classe, celle des ouvriers d'industrie, et qu'une question, celle posée à la société par l'existence de ce prolétariat. L'étude des faits sociaux, c'est celle des sociétés, de leur organisation, c'est-à-dire tout ensemble des groupes divers qui les composent, de leurs relations, de droit et de fait, des considérations de principe qui fixent leur place dans l'ensemble et des rapports de force, de pouvoir ou de richesse qui les rapprochent ou les opposent.

Accorder ainsi une attention privilégiée aux faits politiques et aux faits sociaux implique deux convictions : que les uns et les autres existent par eux-mêmes, qu'ils aient une consistance propre et disposent d'une certaine autonomie par rapport aux réalités d'un autre ordre; qu'il y ait de plus entre les deux séries de faits des relations au moins aussi serrées qu'avec n'importe quelle autre, en particulier avec les réalités économiques, celles qui intéressent les relations de l'homme avec la nature, la matière, la terre, l'énergie et son activité productrice. Si le propos matérialisé par le présent livre présente quelque originalité, c'est dans la conjonction de ces deux présupposés qu'elle a chance de résider. Après plus de vingt années consacrées à tenter de déchiffrer les phénomènes politiques et à scruter leurs causes, ma conviction initiale s'est fortifiée qu'ils appartiennent bien à un ordre de réalité autonome qui a une spécificité propre et dont l'explication doit être demandée en priorité à lui-même. De même pour les faits sociaux : ils ne sont pas le simple reflet d'une réalité plus fondamentale : eux aussi ont une existence relativement autonome. Affirmer ainsi l'autonomie et du politique et du social ne signifie à aucun degré qu'on les érige en secteurs totalement indépendants des autres domaines de l'histoire : ce n'est pas, en particulier, méconnaître l'influence, souvent assez déterminante, que peuvent exercer sur le gouvernement des sociétés et les rapports entre classes l'évolution de la conjoncture économique ou le progrès technique. Mais nous croyons que, à quelques exceptions près, les faits économiques, politiquement et socialement neutres — ou ambivalents —, n'interviennent dans l'enchaînement des événements politiques ou dans la dialectique des relations sociales que par la médiation de réalités intermédiaires, psychologiques ou idéologiques. En d'autres termes nous ne pensons pas que toute la réalité historique se ramène, en dernier ressort, aux rapports de production, ni que tous les conflits dont les sociétés sont le lieu se réduisent à la lutte de classes, ni non plus que l'homme se définisse essentiellement par la place qu'il occupe dans le processus de transformation de la nature et que le travailleur soit en lui plus décisif que l'habitant, le croyant ou le citoyen. La réalité sociale est plus riche, plus variée, plus complexe aussi que l'image simplifiée qu'en proposent tous les systèmes d'explication.

Rejeter les interprétations monistes pour cause de simplification excessive, affirmer à l'encontre la pluralité des faits et des principes d'explication ne règle cependant pas le problème de fond, celui des relations causales. Or, se proposer d'étudier conjointement le politique et le social le pose dans toute son ampleur et en son nœud le plus inextricable : par le biais des relations entre les régimes politiques et les ordres de sociétés : y a-t-il corrélation entre les deux et de quelle nature ? Sont-ce les régimes qui expriment et traduisent dans l'organisation du pouvoir un certain ordre social et peut-on alors établir une stricte correspondance entre la classification des types de gouvernement, exercice favori de la philosophie politique, et les distinctions entre types de société? Ou les régimes réagissent-ils sur l'évolution des structures sociales? Plutôt que de formuler abstraitement des propositions théoriques, nous nous permettons de renvoyer le lecteur au corps de l'ouvrage : il verra que notre préférence va à un système de relations complexes dont le sens n'est pas fixé irrévocablement et unilatéralement, mais peut, selon les situations et les sociétés, s'inverser : le type de causalité le plus souvent observé en histoire et qui en définitive nous paraît proposer de la réalité la traduction la moins inadéquate est de causalité réciproque ou circulaire.

Voilà, pensera-t-on peut-être, bien des précautions pour introduire à une vue cavalière de l'histoire contemporaine. Assurément, mais il n'y a pas, il ne saurait y avoir sur l'histoire de regard absolument innocent. Sans qu'il faille conclure pour autant que l'objectivité est impossible, toute lecture du passé porte la marque de son temps et exprime une personne. L'honnêteté ne commande-t-elle pas d'énoncer en pleine lumière ses présupposés?

I

L'Ancien Régime

1

L'homme et l'espace
Monde connu et monde ignoré

La première démarche à suivre est de remonter à notre point de départ, soit environ deux cents ans en arrière. C'est moins de mémoire que d'imagination que nous avons besoin pour nous représenter le monde tel qu'il était autour de 1750, tout ce que les hommes y ont surajouté depuis en œuvres (construction, aménagement de l'espace), ainsi que les modifications de leurs structures mentales.

Comment le monde se présente-t-il au milieu du XVIII⁰ siècle?

1. Le monde n'est pas unifié

Une première constatation s'impose, grosse de conséquences : en 1750, le monde n'existe pas en tant qu'unité pour l'humanité : il n'est pas conçu comme tel, ou, s'il l'est par quelques esprits, il n'est pas vécu comme expérience. Nous percevrons mieux la portée de cette observation par comparaison. De nos jours, un événement, pour peu qu'il présente quelque intérêt, même mineur, est aussitôt propagé, porté à la connaissance du monde entier, qui se trouve ainsi spectateur en même temps qu'acteur. La planète est

tout entière couverte d'un réseau serré d'informations qui
met en communication les unes avec les autres toutes les
parties du monde. Au plan de la connaissance, par le canal
de l'information et des moyens de communication, le monde
constitue bien présentement une unité effective, et il suffit
d'un très bref délai pour que tous les hommes — ou presque —
soient informés d'un événement.

Autre exemple : les relations économiques et l'interdépendance qui s'est progressivement établie entre les différents pays. La fixation des cours des prix, aussi bien des
denrées alimentaires que des produits industriels, est fonction
de données qui dépassent le cadre d'un marché national,
si large soit-il. L'éleveur de bétail en Argentine ou le culti-
vateur de Côte-d'Ivoire dépend des marchés mondiaux
pour le montant de sa rémunération, son niveau de vie, ses
possibilités d'existence, quelquefois même sa subsistance.
Les crises se propagent d'un pays à l'autre. La première
grande crise à présenter de façon frappante ce caractère universel est celle qui eut son origine en octobre 1929 à New
York ; en quelques années, elle a affecté la vie économique
de tous les pays du monde. Ce n'est pas un cas isolé : depuis,
nous avons vu se reproduire, bien qu'avec une moindre
intensité, des phénomènes analogues. La guerre de Corée,
en juin 1950, a entraîné une flambée des prix à laquelle
aucune économie n'échappa. C'est le signe qu'aujourd'hui
les mouvements des prix, les crises économiques se propagent dans un milieu relativement homogène, continu et
largement unifié. Nous saisissons par ce biais l'universalité
vécue du monde contemporain.

Troisième exemple qui vient à l'appui de cette affirmation :
celui des conflits. Il était encore possible, au siècle dernier,
de les limiter géographiquement : il n'y a pas encore au
XIXᵉ siècle de conflit mondial à proprement parler. Le
XXᵉ siècle est, au contraire, le siècle des conflits mondiaux.

On pourrait étendre la démonstration — le cas serait encore plus probant — aux mouvements d'idées. Les philosophies politiques sont aujourd'hui mises en pratique, soulèvent des sympathies ou suscitent des oppositions dans le monde entier, qu'il s'agisse de l'expérience communiste ou du nationalisme : ce sont des phénomènes universels.

Il y a donc eu — et c'est une des lignes d'évolution de l'histoire depuis deux siècles — passage d'un monde fragmenté et cloisonné à un monde qui présente une unité relative : universalité et simultanéité.

Le monde de 1750 ne présente rien de tel.

Il n'y a pas simultanéité. Et pour cause. Les inventions techniques qui ont permis cette instantanéité sont encore à venir ; on ne connaît pas la révolution des moyens de communication rendue possible par la découverte et l'utilisation de l'électricité et des ondes, ni la révolution des transports. Au milieu du XVIIIe siècle, l'homme se déplace encore au pas, le sien ou celui de sa monture. C'est le pas du cheval ou la vitesse des navires à voiles qui conditionne les communications, rythme la transmission des nouvelles ou des idées, mesure la distance. En effet, à côté de la distance objective, celle qui s'apprécie en chiffres, la distance relative qui varie avec les facilités et les conditions matérielles, est beaucoup plus importante pour les rapports entre groupes d'hommes; l'essentiel n'est pas que 5 000 ou 6 000 km séparent l'Europe des États-Unis; c'est qu'il suffise aujourd'hui de quelques heures pour les franchir, alors qu'à la fin du XVIIIe siècle il fallait deux bons mois pour l'aller et retour des correspondances, des nouvelles, des instructions diplomatiques. Il en sera ainsi jusqu'au milieu du XIXe siècle. Ce passage d'une durée longue à une durée brève mesure l'ampleur de la transformation. Le navire est plus rapide, d'où (ce n'est pas la seule raison) l'avance, la supériorité commerciale, et souvent politique, des États maritimes sur les États continentaux : la mer met en relation beaucoup plus que la terre.

Dans une certaine mesure, le monde apparaît donc aux contemporains de 1750 incomparablement plus étendu et plus vaste qu'aujourd'hui. Le monde s'est depuis rétréci. On peut dire, pour caractériser ce rapport entre l'homme et l'espace, entre l'humanité et la terre qu'elle occupe, que l'homme est alors plus loin de l'homme. Cette constatation entraîne toutes sortes de conséquences.

Conséquences politiques : du fait de cet éloignement il est plus difficile de constituer des ensembles politiques durables, plus difficile aux gouvernants d'administrer leurs peuples. Les empires trop grands sont condamnés à se décomposer. Les continents ne peuvent pas donner naissance à des unités politiques. Les groupements politiques sont donc naturellement plus restreints.

Au XVIIIᵉ siècle, on n'est pas si loin du temps où les souverains, pour se faire obéir, devaient se faire voyageurs et aller de province en province pour rétablir leur autorité sur une féodalité turbulente. A défaut du souverain, ses envoyés parcouraient le territoire. Richelieu crée les intendants qui sont d'abord itinérants : peu à peu, ils recevront une commission qui les fixera dans une généralité, mais, à l'origine, les intendants de la monarchie administrative sont les héritiers des *missi dominici* de Charlemagne.

Au XVIᵉ siècle encore, bien que la France soit un des premiers pays où le souverain ait pu renoncer à cet exercice itinérant du pouvoir, les rois allaient de résidence en résidence. En témoignent les lieux d'où sont signées les ordonnances : nombre des grands textes administratifs du XVIᵉ siècle sont connus par le nom d'une résidence royale, châteaux de la Loire ou de la région parisienne. Peu à peu, on voit poindre un phénomène nouveau : l'apparition de monarchies fixes dans l'espace, liée souvent à la naissance de capitales artificielles : le Madrid de Philippe II, le Versailles de Louis XIV, un peu plus tard, le Saint-Pétersbourg de Pierre le Grand. Le phénomène ne fait qu'exprimer sur la carte l'apparition de quelque chose de neuf dans l'ordre politique : la possibilité de diriger un pays d'un point fixe, l'apparition d'une forme de gouvernement à distance, le gouvernement de cabinet. Le roi dirige son peuple de son cabinet. C'est la substitution à un gouvernement personnel, à la lettre, qui avait besoin de contacts directs d'homme à homme, d'un gouvernement par correspondance, d'un gouvernement à distance, parce que l'espace commence à se rétrécir. Au XVIIIe siècle, on n'est encore qu'aux prodromes du phénomène : le milieu du XVIIIe siècle ne marque pas de ce point de vue une rupture, mais une simple transition dans une lente évolution.

Conséquences sociales : les individus ne sortent guère d'un cercle étroit. Ils vivent dans un cadre restreint : village, paroisse, un pays limité géographiquement. Le plus grand nombre n'a jamais franchi les frontières de son petit canton et ignore le reste du monde; il est donc soumis à une dépendance très stricte à l'intérieur de ce petit groupe.

Conséquence économique, pour mémoire : les marchés sont limités. Les unités de production doivent se suffire à elles-mêmes. C'est encore l'économie de subsistance, où l'on doit produire à peu près tout ce dont on a besoin, car les échanges sont presque inexistants.

Le monde du XVIIIe siècle ne connaît pas davantage l'unité. Les différentes parties du globe ne sont pas encore entrées en rapport les unes avec les autres. Elles s'ignorent mutuellement; elles ignorent jusqu'à leur existence. Très peu d'hommes ont une vue d'ensemble de la planète. Les Japonais ou les Chinois connaissent bien leurs voisins et peuvent se faire une idée de l'Extrême-Orient mais ne savent à peu près rien du reste. Même les Européens n'ont qu'une vue encore fragmentaire et confuse de l'ensemble de l'humanité.

Le monde est comme formé d'humanités séparées. Entre elles, il existe bien des échanges, mais limités et intermittents, occasionnels, à la merci des courants de circulation. Les marchands arabes, sur le pourtour de l'océan Indien, ont ainsi mis en relation l'Inde avec l'Afrique orientale et la Malaisie. En Afrique, des caravanes relient régulièrement les pays du Maghreb et l'Afrique Noire. Mais ces échanges restent très réduits et ne suffisent pas à donner une vue globale du continent africain ou de l'océan Indien.

2. Les étapes de la reconnaissance du monde : des grandes découvertes à la conquête de l'espace l'épopée géographique

Cependant, il importe de constater qu'au milieu du XVIIIe siècle cette situation est en voie de se modifier. C'est une conséquence des grandes découvertes et de ce qui les a suivies depuis le début des temps modernes. En 1750 on est en quelque sorte à mi-chemin entre l'aube des temps modernes et la situation caractérisée aujourd'hui par l'universalité, l'unicité, l'instantanéité. La connaissance de la géographie du globe a déjà fait, en 1750, de grands progrès, à l'initiative des Occidentaux. Ce sont les Européens qui ont commencé à établir un système unifié de connaissance, pour être ceux qui partirent à la découverte du monde. L'épopée géographique a été écrite par quelques pays européens. Aucun fait n'a aussi puissamment modelé la physionomie du monde d'aujourd'hui en imprimant sur tous les

pays la marque d'une civilisation, celle qui s'était élaborée
à l'extrémité occidentale de l'Europe.

Pourquoi les Européens? C'est une des questions les plus
intéressantes, l'une de celles aussi auxquelles il est le plus
difficile de répondre. Comme toujours en pareil domaine,
il s'agit d'un concours de circonstances : gardons-nous de
céder à la tentation simplificatrice de privilégier un type de
causes au détriment des autres.

Certains facteurs sont intellectuels ou moraux : les Européens ont eu le désir et ont conçu la possibilité de découvrir le monde : curiosité, désir de savoir, de reculer les
limites du monde connu. Les motifs sont proprement scientifiques, dès le milieu du xve siècle, pour les Portugais qui
entourent Henri le Navigateur. A ces motifs scientifiques
s'en ajoutent d'autres, également désintéressés, d'ordre religieux : l'universalité du christianisme, la volonté de porter
jusqu'aux limites de la terre le message évangélique confor-
mément aux paroles du Christ avant son Ascension.

Il faut aussi faire la part de motifs plus intéressés. Motifs
commerciaux : recherche de nouvelles voies d'accès aux
richesses de l'Asie. Motifs politiques : volonté de puissance
des nations, rivalité qu'elles transposent d'Europe sur les
théâtres extérieurs. Les pays premiers découvreurs font tout
pour conserver le secret de leurs découvertes, jusqu'à faire
disparaître les navigateurs étrangers qui se hasardent sur
les mêmes routes qu'eux-mêmes. Mais ces différents motifs
ne pouvaient conduire à des découvertes que si les moyens
aussi existaient.

Moyens scientifiques : perfectionnement des instruments
de navigation qui permettent de dresser des cartes, de
prendre des relèvements, progrès liés à ceux de l'astronomie et de l'hydrographie. L'avance scientifique de l'Europe
occidentale est peut-être l'un des facteurs les plus déterminants.

Moyens techniques aussi : le navire est le moyen ordinaire d'exploration. Jusqu'à la révolution des transports au
XIXᵉ siècle, caractérisée par l'application de la vapeur aux
chemins de fer, la terre se prête moins à la pénétration que
la mer. Par son étendue, sa massivité, par son relief, par
l'hostilité aussi des indigènes, le continent oppose souvent
un obstacle à peu près insurmontable, alors que les mers
mettent en communication les rivages opposés. Nous retrouvons l'avance chronologique des pays maritimes sur les pays
continentaux.

Après la prospérité des mers fermées qui caractérise la
fin du Moyen Age et avantage les ports italiens, Gênes,
Venise, ceux de la Baltique, un déplacement de l'axe de
l'activité navigatrice se produit au bénéfice de la bordure
maritime de l'Europe occidentale. C'est d'abord l'extrémité
sud-ouest — la péninsule ibérique, le petit Portugal — qui
progresse le long de la côte africaine avant de doubler le
Cap et de découvrir l'Inde; c'est l'Espagne ensuite qui, d'un
coup, franchit l'Atlantique. Le Portugal et l'Espagne profitent de cette antériorité pour édifier des empires coloniaux
qui, à l'échelle de l'époque, et compte tenu de la distance
relative, sont d'une prodigieuse étendue.

Au XVIIIᵉ siècle, ces empires sont déjà sur le déclin. La
relève a été prise par la France, l'Angleterre, les Provinces-
Unies et même les pays scandinaves. Les Suédois ont pris
pied au XVIIᵉ siècle en certains points de l'Amérique du
Nord : on retrouve aujourd'hui encore la trace en Pennsyl-
vanie d'établissements suédois antérieurs à l'arrivée des
Anglais. Avant de s'appeler New York, la future métropole américaine s'est d'abord appelée New Amsterdam : les
Hollandais, les premiers, y avaient établi leur comptoir.

Beaucoup plus tard, l'Allemagne et l'Italie rejoindront
le groupe des puissances coloniales, mais seulement après
avoir réalisé leur unification politique. Le fait, pour l'une

et l'autre, d'être si tard venues dans la course aux colonies infléchira l'orientation de leur politique mondiale.

A ces quelques pays se borne la liste de ceux qui ont joué un rôle important dans la reconnaissance et la conquête du monde. La Russie aussi y a sa place mais son expansion est d'une autre nature : elle est continentale et s'opère par contiguïté. La Russie s'est étendue en Asie par une espèce de dilatation de sa masse territoriale propre et non pas, comme les pays précédemment énumérés, par un bond par-delà l'Océan en direction de pays séparés par des milliers de kilomètres.

Ce raccourci chronologique comporte un enseignement. S'il y a antériorité des Européens, ce n'est pas de tous les Européens : avance de l'Europe occidentale, accessoirement centrale. Pour les rapports de l'Europe et du monde, chapitre essentiel de l'histoire européenne, il y a deux Europes profondément différentes : l'une a joué un rôle décisif, l'autre inexistant. Ces deux Europes correspondent à deux types de sociétés. Il y a des sociétés maritimes — pour l'instant adoptons cette dénomination provisoire — qui se caractérisent par une organisation plus différenciée, avec notamment une bourgeoisie nombreuse et active, une économie où le commerce extérieur tient une place appréciable, et des sociétés continentales presque exclusivement terriennes, où l'économie est tout agraire. Peut-être en prolongeant cette distinction, sur le plan des formes politiques, serons-nous amenés à découvrir certaines corrélations entre cette dualité géographique, ces types de sociétés et les régimes.

Ainsi, est-ce à l'initiative de l'Europe que le reste du monde est découvert. C'est l'Europe qui commence d'établir des liens d'un continent à l'autre et de disposer ce réseau de notions dont notre monde unifié est aujourd'hui l'héritier.

Si de l'Europe nous passons maintenant aux autres pays et des pays découvreurs aux pays découverts, on constate

que la connaissance a, naturellement, commencé par les
rivages où abordent les navigateurs, et que cette découverte
ne s'est pas faite dans un ordre logique, de proximité décroissante : la face de la terre opposée à l'Europe a été connue
avant que soit finie l'exploration intérieure de contrées plus
proches. Ainsi le monde austral, les antipodes, c'est-à-dire
la région exactement opposée à celle de l'Europe, ont été
reconnus bien avant l'Afrique centrale. C'est autour de
1770-1775 que les navigateurs, britanniques ou français,
Cook, La Pérouse, Bougainville, découvrent les archipels
océaniens, dont Tahiti. C'est seulement un siècle plus tard
que les grands explorateurs, Brazza, Livingstone, Stanley,
découvrirent les sources du Zambèze ou le bassin intérieur
du Congo.

Au milieu du XVIIIe siècle, subsistent encore des énigmes,
de grandes lacunes, représentées sur les cartes de l'époque
par des taches blanches ou la mention *terra incognita*. Plusieurs problèmes tourmentent l'imagination des géographes,
entre autres celui des « passages » : passage du Nord-Est ou
du Nord-Ouest qui devaient permettre d'aller par la mer
libre de l'Atlantique septentrional au Pacifique par le nord
du continent européen et asiatique ou le nord du continent
américain. Le prétexte de Chateaubriand pour son voyage
en Amérique en 1791 est de découvrir le passage du Nord-
Ouest. Autre énigme, la source des principaux fleuves, américains ou africains. Qu'il s'agisse du Nil, du Congo, du
Niger ou du Zambèze, ou de l'Amazone, on en connaît les
embouchures, parfois des tronçons de leur cours intérieur,
mais sans pouvoir en établir le tracé complet. C'est au
XIXe siècle que les explorateurs résoudront peu à peu ces
diverses énigmes.

Cette découverte progressive est aussi un chapitre de
l'histoire générale, qui touche de près à l'histoire intellectuelle et politique de l'humanité, mais encore à l'histoire

intellectuelle, car elle mesure le progrès de la connaissance, et à l'histoire politique, puisque la colonisation suit l'exploration.

La seconde moitié du XVIIIe siècle constitue une étape décisive de cette histoire. En quelques décennies la situation se modifie rapidement. La curiosité scientifique est vive : c'est une des composantes du mouvement des lumières. Parallèlement, les techniques progressent et fournissent aux hommes des moyens plus rapides, plus perfectionnés, plus efficaces de satisfaire leur curiosité. Toutes sortes d'expéditions s'évertuent à arracher à la terre les secrets qu'elle garde encore. La face cachée de la terre, l'envers du monde connu, le Pacifique, les Archipels excitent tout particulièrement la curiosité. Plusieurs expéditions partent à la recherche du continent austral, dont on supposait qu'il faisait contrepoids à la masse des terres émergées de l'hémisphère nord. A la veille de la Révolution, le rapport entre les parties connues du globe et les parties inconnues n'est déjà plus ce qu'il était en 1750.

A la charnière des deux siècles (1798), l'expédition militaire d'Égypte se double d'une véritable expédition scientifique, qui constitue un modèle d'enquête. Si l'expédition d'Égypte ne modifie guère notre connaissance de la géographie — l'Égypte était déjà connue —, elle révèle une autre dimension, le passé de l'humanité. L'humanité a commencé de retrouver son passé avec la découverte inopinée des richesses enfouies à Pompéï et Herculanum. C'est une autre étape de la recherche de l'esprit humain depuis deux siècles, le retour aux sources de son histoire. Entre 1750 et 1974, l'homme a pris la mesure de son domaine spatial; nous connaissons mieux aujourd'hui le passé de l'humanité qu'il y a deux siècles et nous avons retrouvé nombre de civilisations disparues.

Au XIXe siècle, l'exploration par voie de terre prend le

relais de l'exploration maritime, ou la complète, et les
explorateurs partant des contrées qui leur sont déjà connues
s'enfoncent vers l'intérieur des terres et tentent de reconstituer le puzzle. Les conséquences politiques, sociales, démographiques, économiques de ces découvertes seront expo-
sées plus loin. En Amérique du Nord, c'est la poussée vers
l'Ouest : Jefferson envoie, aussitôt après l'acquisition de la
Louisiane (1803), une expédition en direction des montagnes
Rocheuses : remontée de la vallée du Missouri, découverte
des Rocheuses, de la Californie et jonction entre l'Est et
l'Ouest des États-Unis au milieu du XIXᵉ siècle. En Asie
centrale, la progression s'opère à l'initiative des Russes,
mais c'est en Afrique que les progrès sont les plus sensibles.
Au début du XIXᵉ siècle, c'est à peine si l'on connaît le
dixième du continent. Au début du XXᵉ siècle peu de régions
restent inexplorées. Des expéditions polaires comprenant
Anglais, Américains, Norvégiens, s'attaquent alors aux
deux pôles : le pôle Nord en 1909, le pôle Sud en 1911. On
peut dire, à la veille du premier conflit mondial, que l'humanité a acquis une connaissance quasi totale du globe.

3. Le temps du monde fini
est commencé

L'expérience est récente : seules deux générations l'ont
acquise. C'est alors seulement que commence ce que Valéry
a appelé « le temps du monde fini » dans un essai suggestif
écrit vers ce moment et recueilli dans *Regards sur le monde
actuel*. Entendez fini dans ses deux sens : il est achevé, mais,
en même temps, il est limité. Jusque-là, il y avait plus de

place que l'humanité ne pouvait en occuper. Elle a désormais atteint ses limites dans toutes les directions. Le monde connu coïncide désormais avec le monde entier. Il n'y a plus divorce entre le monde objectif tel qu'il existait et le monde tel que l'humanité le connaissait.

L'homme va bientôt se sentir à l'étroit, bien que subsistent d'immenses espaces à conquérir et à aménager. L'humanité est globalement dans la même situation que la paysannerie des pays qui souffrent de la faim des terres, quand elle est trop nombreuse pour les terres disponibles.

Le total achèvement de la découverte du monde est un des éléments qui concourent à l'exaspération des rivalités entre les nations et à la naissance de l'impérialisme. Les grandes puissances se disputent les reliefs non encore attribués avec d'autant plus d'âpreté que ce sont les derniers. Les puissances colonisatrices retardataires, l'Italie et l'Allemagne, sont doublement déchaînées. Il n'y a pas simple coïncidence entre la fin de l'exploration et l'apparition des conflits mondiaux. Toute une série de problèmes va peu à peu surgir que nous commençons à pressentir : manque de terrains; pour les villes l'approvisionnement en eau, l'air, tous problèmes qui vont devenir le lot de l'humanité de demain.

Cependant, si l'humanité a atteint les extrémités de la terre, l'histoire de la découverte n'est pas close pour autant : à la surface même du globe subsistent des énigmes. Il y a surtout la troisième dimension : la verticale. On ne saisit bien la signification historique des découvertes les plus récentes, que replacées dans une perspective à long terme qui les présente comme le chapitre le plus récent d'une histoire qui a commencé avec celle de l'humanité. Troisième dimension : aussi bien la conquête des sommets montagneux que celle des profondeurs des mers, et plus encore la conquête de l'espace. La conquête des espaces interstellaires est le prolongement de l'épopée géographique entreprise depuis des siècles. L'homme, ayant fait le tour de la terre, reporte à l'extérieur de la planète sa volonté de connaître, sa curiosité, et les moyens techniques qu'il a su forger.

J'ai prolongé au-delà du XVIIIe siècle pour rétablir la perspective. Nous n'en sommes évidemment pas là en 1750 : l'humanité n'existe pas encore comme unité. Il y a seulement des humanités séparées et discontinues. Le monde se présente alors comme une juxtaposition de sociétés étrangères les unes aux autres. Elles sont plus séparées les unes des autres qu'aujourd'hui en raison de l'absence de moyens d'information, de communication; elles poursuivent des chemins parallèles et s'ignorent. Les Français par exemple ne savent à peu près rien des Japonais et réciproquement. Mais, par ailleurs, ces sociétés sont moins dissemblables les unes des autres qu'aujourd'hui : de l'une à l'autre, il y a de grandes analogies et les ressemblances l'emportent sur les différences. L'humanité ne s'est pas encore engagée sur des voies divergentes. Aujourd'hui, entre les sociétés les plus développées et les moins développées se creusent des abîmes propres à décourager l'effort de ceux qui veulent les réduire. Au XVIIIe, il n'y a pas autant d'écart entre le niveau et le mode de vie des civilisations les plus raffinées et ceux des pays les plus primitifs. Ils ont en commun le lien avec la terre, une économie principalement rurale; la société est encore fondée sur les rythmes naturels et sur l'exploitation du sol.

2

Le peuplement

1. La dimension démographique

Nous venons de parler de l'humanité, de plusieurs humanités même. Que représentent-elles numériquement? Quel est en 1750 l'effectif global et comment les hommes se répartissent-ils dans l'espace? Après la dimension géographique, la dimension démographique. Ce n'est que depuis peu qu'elle est étudiée pour elle-même et qu'historiens ou sociologues ont donné au facteur démographique l'importance qui lui revient. C'est pourtant une donnée essentielle et qui commande assez largement les autres. On ne peut pas faire une étude objective de l'évolution politique et des rapports entre les pays, sans tenir compte du nombre. C'est le soubassement de beaucoup d'autres choses. Pour les États, la puissance numérique est la condition sans laquelle les plus vastes projets sont voués à l'insuccès. L'évolution démographique d'une société a des incidences sur les autres aspects de sa vie, positifs ou négatifs. Aussi notre description de l'Europe et du monde à la veille de la Révolution serait-elle incomplète si nous ne savions pas combien elle comptait alors d'êtres humains et comment ils se distribuaient entre les unités territoriales.

Si la question est fondamentale, la réponse reste incertaine. Les renseignements dont nous disposons sont fragmentaires. Nous savons mal le nombre des hommes, et les contemporains le savaient plus mal encore. Si surprenant que cela puisse paraître, nous sommes plutôt mieux renseignés que les contemporains. Notre connaissance rétrospective a progressé. A l'époque, l'intérêt s'éveille à peine pour la démographie. Jusque-là, les gouvernants ne s'étaient guère souciés de dénombrer leurs administrés. On commence seulement à concevoir que l'homme est un facteur de richesse pour l'économie, de puissance pour l'État. Les souverains inaugurent une politique d'immigration. Ils essaient aussi de savoir le nombre de leurs sujets. Parallèlement à ces considérations intéressées la curiosité scientifique suscite l'étude de la population : la science démographique naît au XVIIIᵉ siècle. C'est un autre aspect du progrès scientifique, au même titre que la géographie, l'astronomie, l'hydrographie : les sciences sociales connaissent leur premier essor. C'est de la seconde moitié du XVIIIᵉ siècle que datent beaucoup de nos méthodes démographiques, c'est alors aussi que quelques démographes ont posé les problèmes qui, aujourd'hui encore, préoccupent la conscience collective avec le fameux essai de Malthus sur la population, en 1798.

En même temps que l'intérêt s'éveille, des méthodes de recherche apparaissent ; nous retrouvons, comme pour les découvertes, l'interaction entre le désir et les possibilités, les mobiles et les moyens. Jusque-là, les méthodes d'investigation étaient rares et défectueuses. Il n'existait alors aucune opération comparable à nos modernes recensements ; aucun État n'a entrepris — et *a fortiori* n'opère régulièrement — cette sorte de dénombrement systématique et ce, pour diverses raisons d'ordre psychologique et pratique. En effet, toute opération statistique suscite une animosité comparable à celle que les investigations fiscales ou économiques peuvent aujourd'hui provoquer chez les commerçants ou les industriels : associée à la levée d'impôt ou de la milice, l'opération est impopulaire. Enfin, l'administration n'est pas outillée pour mener à bien de pareilles opérations.

Les contemporains en sont donc réduits à utiliser des moyens indirects. C'est par biais et recoupements qu'on arrive à des estimations approximatives. Les procédés sont divers. L'un consiste à extrapoler à partir des mouvements de la population, c'est-à-dire des chiffres annuels de naissances et de décès, compte tenu de ce qu'on croit être la durée moyenne de la vie; on suppute quelle peut être la population globale du pays considéré. Une autre méthode consiste à dénombrer les feux, c'est-à-dire les habitations, et à en multiplier le nombre par un coefficient — la moyenne du nombre présumé de personnes habitant au même foyer.

Ainsi les contemporains, et pas seulement les curieux de statistiques ou les passionnés de démographie, mais aussi l'administration, les gouvernants, ne savent pas le nombre des habitants de la France, de l'Angleterre ou de l'Espagne. Imaginez ce que cela signifie : les gouvernements, même les plus absolus, ceux dont la légitimité n'est contestée par personne, sont, dans leur action quotidienne, moins bien armés que les gouvernements les plus débiles du XX⁰ siècle. Ils ignorent à quelques millions près quel peut être le nombre de leurs sujets, contribuables, mobilisables. Les souverains les plus absolus ne savent pas le nombre de ceux sur lesquels s'étend leur souveraineté. Leur situation est analogue à celle des États aujourd'hui les moins développés, qui n'ont jamais entrepris de dénombrements et n'ont pas d'administration pour les mener à bien. Il en va alors pour la France ou l'Espagne comme pour la Chine d'il y a quelques années : quand on ne savait pas, à 100 millions près, le nombre de Chinois.

Nos renseignements sont donc fragiles. Et encore la situation que je viens d'indiquer est-elle celle des pays policés. Que dire des contrées de l'Afrique centrale ou de l'Amérique latine? Néanmoins, quelle que soit la fragilité de ces estimations, elles nous donnent une idée de ce que sont, autour

de 1750, le peuplement humain et sa répartition. Voyons
les résultats de ces dénombrements sous bénéfice de ces
réserves de méthode et de documentation. Nous pouvons
en tirer quelque enseignement.

2. La population et son accroissement

On évalue approximativement l'effectif total des êtres
humains vivant en 1750 à 700 millions. Les chiffres isolés
étant par eux-mêmes dépourvus de signification ou se prê-
tant à plusieurs, il importé de mettre celui-ci en relation avec
les données actuelles. Le 12 octobre 1999, les Nations Unies
ont salué la naissance d'un enfant qui était censé porter à six
milliards le nombre des hommes et des femmes peuplant la
terre. En deux cent cinquante ans la population du globe s'est
ainsi multipliée par plus de huit.

Cet accroissement n'a été ni régulier ni continu : il est allé
en s'accélérant. Voici quelques chiffres qui jalonnent de cinquante en cinquante ans une progression vertigineuse qui
donne un sens à l'expression de révolution démographique.

1750	*700 millions*
1800	*800 millions*
1850	*1 milliard 100 millions*
1900	*1 milliard et demi*
1950	*2 milliards et demi*
2000	*6 milliards*

Il a fallu des millénaires pour que l'humanité atteigne son
premier milliard. En un siècle elle a quadruplé. Mais le mouvement se ralenti depuis quelques années et il faut réviser en
baisse les prévisions pour le milieu du XXIe siècle.

Les causes de cette évolution démographique sont multiples : il en est qui tiennent au recul de la mortalité dû au progrès de l'hygiène, d'autres aux modifications des structures de l'économie et de la société — et nous aurons l'occasion d'évoquer pour eux-mêmes quelques-uns de ces grands faits liés à la révolution démographique. Il convient d'abord de prendre acte de l'importance du phénomène. C'est un des faits humains les plus importants et les plus lourds de conséquences. Les effets de cette révolution démographique sont innombrables et ils sont à la racine de tous nos problèmes contemporains.

3. La répartition entre les continents

En 1750, la répartition de la population est très inégale. A côté de régions fort peuplées, certaines sont à peu près vides d'hommes. De plus, depuis le milieu du XVIIIe siècle, l'accroissement ne s'est pas produit sur tous les continents au même rythme; nous allons relever des discordances dans l'expansion démographique.

La dissymétrie est très marquée entre l'Ancien Monde — Europe, Asie, Afrique — et le Nouveau Monde — l'Amérique — qui est à peu près vide. On estime qu'en 1750 il n'y avait pas plus de 12 millions d'hommes dans tout le continent américain (en 1800, le chiffre avoisine les 18 millions), soit 2 % de la population mondiale.

Ces quelques millions sont eux-mêmes inégalement répartis. C'est l'Amérique du Sud qui l'emporte avec les trois quarts de la population du continent vivant au sud de l'isthme de Panama dans les empires coloniaux espagnol et portugais. Population des plus disparates puisqu'elle comprend à la fois les descendants des autochtones établis sur les plateaux de la cordillère des Andes et au Mexique, et les héritiers des conquistadores, qui constituent une structure coloniale où les stratifications sociales coïncident avec les différences de races : à la population indigène se superpose celle des dominateurs.

En Amérique du Nord, les Indiens sont peu nombreux : il est probable qu'ils ne furent jamais plus d'un million pour tout l'espace occupé aujourd'hui par le Canada et les États-Unis. Le noyau d'origine française est peu nombreux : quand la France doit céder le Canada et la Louisiane (1763), on évalue à 60 000 le nombre des Canadiens français. Le reste est très hétérogène, originaire d'Angleterre, de Suède, du Danemark ou des Provinces-Unies. En 1750, on compte environ 1 million de colons, dans les 13 colonies qui relèvent de la couronne d'Angleterre.

De l'Océanie on ne sait à peu près rien. Elle est à peine reconnue en 1750. Un point d'interrogation en face d'un chiffre qui n'indique qu'un ordre de grandeur : peut-être 1 million d'indigènes.

La quasi-totalité de la population mondiale se trouve donc concentrée en Europe, en Asie et en Afrique. L'homme est encore loin d'avoir occupé son domaine; d'immenses espaces attendent d'être conquis et habités.

La distribution à l'intérieur de l'Ancien Monde est, elle aussi, des plus inégales. De l'Afrique, on sait peu de chose. On avance des chiffres, mais nous n'avons guère de moyen de les vérifier. On parle de 100 millions pour 1800, en tenant compte de la partie la plus peuplée de l'Afrique, l'Afrique blanche, celle du Maghreb et de l'Égypte, l'Afrique des villes. Mais il faut rappeler qu'en 1750 la population de l'Afrique noire est, depuis deux siècles et demi, diminuée par la traite qui entraîne une hémorragie démographique;

ce fait a eu des conséquences incalculables. C'est le premier grand mouvement migratoire de l'histoire moderne. 10 ou 15 millions d'Africains peut-être ont été arrachés à leur continent et déportés en Amérique. Premier côté du triangle : les navires partent des côtes atlantiques chargés de verroteries avec lesquelles les négociants achètent les esclaves. Deuxième côté : c'est l'acheminement vers les ports du Nouveau Monde où les esclaves sont vendus. Troisième côté : grâce au produit de la vente, les navires retournent en France et en Angleterre chargés de rhum, de sucre et de tabac. C'est un élément essentiel de la prospérité des grands ports français et britanniques. Le luxe, la splendeur architecturale de Bordeaux, ou de Nantes, reposent en partie sur le commerce du « bois d'ébène ». La traite se prolongera au XIXᵉ siècle, bien qu'elle fasse l'objet d'interdictions. Les plénipotentiaires réunis à Vienne en 1815 la prohiberont, et c'est pour faire respecter cet interdit que la France et l'Angleterre se concéderont le droit de visite qui sera au principe de plusieurs conflits diplomatiques ou de mouvements d'humeur de l'opinion publique.

Si la traite achève de s'éteindre au XIXᵉ siècle, ses conséquences lui survivront sur les trois continents intéressés. Si, pour l'Europe, elle fut une source de richesse, pour l'Afrique cette hémorragie est à l'origine de la pénurie d'hommes dont souffre encore actuellement l'économie de plusieurs États d'Afrique centrale. La traite a désorganisé les échanges, ébranlé les fondements des sociétés africaines, provoqué la fuite vers l'intérieur des populations littorales. Pour l'Amérique, c'est l'origine du problème noir sous des formes qui ont varié, l'esclavage jusqu'à la guerre de Sécession et, depuis son abolition en 1863, ses séquelles avec la ségrégation et l'intégration raciale; le problème pèse lourd sur la vie politique des États-Unis.

L'Asie est le plus peuplé de tous les continents. Elle l'est plus que tous les autres réunis : 450 millions sur 700, soit près des deux tiers. En d'autres termes, 2 hommes sur 3 habitent en Asie. C'est encore vrai aujourd'hui, bien que dans une proportion moindre. En 1991, l'annuaire des Nations unies indiquait pour le continent asiatique 3 milliards 156 millions, soit 3 hommes sur 5. La proportion est donc passée en deux siècles et demi, pour l'Asie de 64 à 59 %. Les deux pays les plus peuplés du monde sont des pays asiatiques : la Chine avec 1 milliard 150 millions et l'Inde 860. Celle-ci est aujourd'hui plus peuplée que toute l'Asie au milieu du XVIIIᵉ siècle.

Nous saisissons, à travers ces chiffres, un trait constant de l'histoire démographique : cette prédominance massive de l'Asie qui fait d'elle le grand réservoir de l'humanité. Il n'existe rien de comparable dans le monde aux foules d'Asie, à ces fourmilières, rurales ou urbaines. 7 des 20 plus grandes agglomérations d'aujourd'hui sont des villes d'Asie : Tokyo, la première de toutes avec quelque 15 millions, Chang-hai, Osaka, Pékin, Calcutta, Bombay et Séoul. Ainsi, tant pour la population globale que pour l'agglomération dans des centres urbains, l'Asie détient la suprématie.

Cette population est très inégalement distribuée à la surface du continent asiatique. D'immenses espaces restent absolument désertiques. La population se regroupe sur le pourtour du continent, dessinant une sorte de guirlande avec l'Inde, la péninsule indochinoise, la Chine et l'archipel japonais.

En 1750, ces masses ne pèsent guère dans la balance des forces politiques, bien que ces pays aient des civilisations anciennes, raffinées, parfois même supérieures à celles de l'Europe.

L'Europe est bien moins peuplée que l'Asie, plus que l'Afrique, beaucoup plus que l'Amérique. On estime à environ 140 millions le nombre des Européens en 1750. 140 millions sur un total de 700 millions, soit un cinquième.

2 hommes sur 3 vivent en Asie; nous pouvons ajouter :
1 homme sur 5 est Européen. Si l'Europe vient ainsi en
seconde position, loin derrière l'Asie, elle la distance pour
la densité.

Le rapport de densité assigne à l'Europe une primauté
qu'aucun continent ne peut lui disputer : elle a les taux les
plus élevés et il y a lieu de penser qu'entre cette densité,
et l'expansion de l'Europe, il y a autre chose qu'une simple
coïncidence. Il est vraisemblable que les Européens ont
trouvé dans cette densité un des ressorts de leur expansion
à la surface du globe. L'Europe est, beaucoup plus que
l'Asie, une réserve illimitée d'hommes au XVIIIᵉ siècle. C'est
en Europe que les grands mouvements migratoires de l'humanité trouveront leur point de départ au XIXᵉ siècle : quelque
60 millions d'Européens s'expatrieront. Au XVIIIᵉ siècle, le
mouvement était plus limité et n'affectait encore que quelques
centaines de milliers d'individus. Rappelons les chiffres :
60 000 Canadiens d'origine française sur les rives du Saint-
Laurent, 1 million de colons pour les 13 colonies de l'Angleterre.

Le grand mouvement d'émigration se déclenchera après
les guerres de la Révolution et de l'Empire et prendra une
ampleur considérable. Il n'a cependant pas empêché l'accroissement très rapide de la population de l'Europe, malgré le déficit que devait entraîner le départ de 60 millions
d'Européens, et le « manque à gagner » de leur descen-
dance. Sans doute, l'accroissement de l'Europe en deux
siècles a-t-il été moindre que celui de l'Amérique (passée
de 12 ou 15 millions à 730), mais il a été supérieur à celui de
l'Asie et de l'ordre du quadruple.

Tels sont les chiffres bruts, répartis par grandes masses.
Notre planisphère commence à s'animer, nous pouvons déjà
y disposer des fragments d'humanité, des chiffres pondérés
selon l'étendue du territoire.

Ces fragments d'humanité restent séparés, le peuplement,

inégal, discontinu, cloisonné. Il y a des noyaux denses,
séparés les uns des autres, et qui s'ignorent : ils n'ont même
pas la possibilité d'entrer en rapport les uns avec les autres,
eu égard à la mobilité très réduite dont disposent alors les
groupements humains. Cette discontinuité concourt à maintenir une grande diversité des conditions de vie, des men-
talités, des civilisations.

4. Le monde :
à la fois sous-peuplé et surpeuplé

Par comparaison, le monde de 1750 doit nous paraître très
peuplé : 700 millions contre 5 milliards et demi actuellement. L'univers est sous-peuplé et pourtant, en 1750, il est
déjà par endroits surpeuplé. Aux contemporains, il apparaît
même à la limite du surpeuplement. C'est que la notion
même de surpeuplement est relative : elle est la résultante momentanée d'une relation dont les termes varient
sans cesse, entre le nombre des hommes et leurs possibilités d'existence. Or, ces possibilités d'existence — la subsistance et l'emploi — ne sont pas définies une fois pour
toutes : elles se modifient. Nous aurions sans doute tendance, aujourd'hui à cause de l'accent mis sur le problème
de la faim, à privilégier le premier au détriment du second.
Il y a quarante ans, en raison de la grande crise économique
et de la gravité du chômage, on aurait accordé moins d'attention au problème des subsistances et davantage à celui de
l'emploi ou du sous-emploi. A la vérité, il faut prendre en
considération les deux aspects.

Les subsistances.

Dans l'économie d'Ancien Régime, la capacité d'un pays à nourrir sa population est strictement limitée par le volume de ses ressources alimentaires. Quel que soit leur degré de développement, tous les pays subissent la même loi; ce n'est que par la suite seulement qu'une différence apparaîtra, puis se consolidera entre des économies dorénavant affranchies de la dépendance à l'égard du problème des subsistances et les deux tiers de l'humanité qui, aujourd'hui encore, connaissent le problème de la faim comme l'humanité tout entière pouvait le connaître il y a 200 ans.

En 1750, le volume de la production est donc limité par une contrainte apparemment inexorable. C'est une donnée déterminante du régime démographique dans toute société d'Ancien Régime : toutes vivent dans la hantise de la disette, et aucune n'a encore réussi à s'y soustraire. Sous la Révolution, c'est une des composantes des journées révolutionnaires : l'approvisionnement défectueux, l'inquiétude de la population parisienne, la rupture des stocks déclenchent des poussées insurrectionnelles et la concordance est souvent saisissante entre le calendrier des difficultés d'approvisionnement et celui des péripéties révolutionnaires. Il en sera ainsi pour la France jusqu'à la veille de la révolution de 1848. Ce n'est que depuis le milieu du XIXe siècle qu'on peut estimer que la France est à l'abri de cette crainte, exception faite, bien sûr, de circonstances exceptionnelles liées à la guerre, à la défaite et à l'occupation étrangère comme en 1940-1944.

Ainsi jusqu'au milieu du XIXe siècle pour la France, un peu plus tôt pour l'Angleterre, beaucoup plus tard pour le reste du continent européen, mais aujourd'hui encore pour la plupart des autres continents, la vie de la population, ses possibilités d'accroissement démographique sont comman-

dées, rythmées, par la production des céréales, entre autres.
On est à la merci d'une mauvaise récolte, des intempéries,
d'un été pluvieux ou d'un hiver tardif; exemple classique,
celui de l'Irlande en 1846, où la famine fait mourir un demi-
million d'Irlandais et en condamne un demi-million d'autres
à émigrer. C'est au prix de cette diminution brutale que
ceux qui restent peuvent subsister. On saisit, grâce au cas
limite de ce pays exclusivement agricole, la fatalité des processus atmosphériques qui rythment la capacité de l'agriculture et, par voie de conséquence, le chiffre de la population.

Au XVIIIe siècle, sur quelques points privilégiés, les hommes
commencent de se soustraire à cette dépendance. La révolution agricole, les progrès de l'agronomie, la découverte par
les Britanniques de la possibilité d'intégrer l'élevage à
l'agriculture, la suppression de la jachère et, du même
coup, la reconquête du tiers du sol ouvrent à l'espérance
des perspectives inattendues.

L'emploi.

Il ne suffit pas qu'il y ait de quoi manger pour tous. Il
faut encore que ceux qui n'ont pas de terre puissent gagner
leur vie, se procurer les quelques ressources qui leur per-
mettront de se nourrir. Or, sous l'Ancien Régime, la situation
se caractérise, dans la plupart des pays européens, par un
excédent de main-d'œuvre. La révolution démographique
a précédé la révolution industrielle; en d'autres termes,
l'accroissement de la population a devancé l'expansion des
possibilités d'emploi. Toute une population d'indigents est
en surnombre et attend du travail.

Au risque de répéter jusqu'à la satiété cette sorte de comparaison — mais elle seule peut nous dépayser assez pour
que nous ne projetions pas sur la France et l'Angleterre du
XVIIIe siècle les réalités d'aujourd'hui —, ces deux pays

connaissent alors une situation analogue à celle de l'Italie méridionale qui dispose d'un excédent de main-d'œuvre où les économies industrielles de l'Europe du Nord sont heureuses de puiser pour satisfaire leur besoin de travailleurs. Ces sociétés sont encombrées d'un excédent de population : vagabonds, indigents, qui vont de village en village ou s'entassent dans les faubourgs des agglomérations. Ce qu'on appelle quelquefois le quatrième état est constitué de ces errants : ils sont plusieurs millions. La population parisienne en compte un quart ou un cinquième. En d'autres pays, ceux où l'ordre public n'est pas assuré de façon aussi efficace que dans les monarchies absolues, cette masse de travailleurs sans emploi alimente le banditisme; le brigandage est la conséquence du chômage, en Italie, dans les États de l'Église, le royaume de Naples (en Calabre), en Grèce, en Espagne.

Il faudra attendre la révolution industrielle et ses effets pour que, au moins en Europe, se résorbe peu à peu l'excédent de population; mais tous les pays dits en voie de développement connaissent ce problème, qu'il s'agisse de l'Afrique ou de l'Amérique latine; ces masses miséreuses, entassées dans les faubourgs, les bidonvilles, les favellas, sont les frères des chemineaux, des errants, de l'Europe occidentale du milieu du XVIIIᵉ siècle.

3

L'organisation sociale
de l'Ancien Régime

Nous avons successivement envisagé l'espace sans les hommes, puis dénombré, recensé, réparti l'homme dans l'espace. Mais les hommes ne sont pas autant d'individualités isolées : ils appartiennent à des groupements, ils vivent en société. Il faut donc situer ces hommes dans les ensembles politiques et sociaux qu'ils constituent. Ce troisième point de vue nous retiendra plus longtemps que les deux précédents, car il fait partie du corps même de notre étude.

1. Les principes
de toute organisation sociale

Les hommes sont pris dans un ensemble de relations sociales qui dérivent de leur habitat, de leur état professionnel, de la nature de leur activité et aussi des conceptions inspiratrices de la société. Ils sont associés dans des pyramides de groupements superposés, encadrés dans des systèmes sociaux.

Toute société est différenciée : la proposition ne vaut pas seulement pour les sociétés d'Ancien Régime, mais aussi pour les sociétés antérieures ou pour les sociétés contemporaines. Il n'y a pas de société uniforme à l'intérieur de laquelle les individus soient absolument interchangeables. Toute société se décompose — et s'organise — en un nombre plus ou moins élevé de groupes intermédiaires entre la poussière des individus et la société globale. Il en va ainsi pour des raisons pratiques : même si elle n'avait pas de justification, cette différenciation serait imposée aux sociétés par des nécessités matérielles, celles qui découlent de la répartition des tâches, de la vieille loi de la division du travail qui s'applique à toute société. Même dans les sociétés primitives, il y a distinction entre ceux qui ont pour fonction d'assurer la sécurité du groupe et qui combattent, et ceux qui, à l'abri de la protection ainsi assurée, travaillent pour assurer la subsistance du groupe.

Cette distinction en entraîne d'autres dans les habitudes de vie, les mœurs, les codes. L'interdiction faite aux nobles de travailler, dont la sanction est la dérogeance pour ceux qui l'enfreindraient, en est la conséquence et l'effet juridique. Sur la différenciation des fonctions, imposée par des nécessités d'ordre pratique, se greffent d'autres distinctions, de considération, de statut juridique, et qui procèdent des conceptions en vigueur, de la représentation que les individus se font des relations sociales, de systèmes de valeurs, morales et sociales. C'est, par exemple, l'idée que le service de Dieu doit avoir le pas sur toutes les activités terrestres qui justifie la prééminence du clergé sur les deux autres ordres dans la société d'Ancien Régime. C'est une différenciation de fonction, mais légitimée par une conception des rapports entre le spirituel et le temporel. De même, le préjugé qui accorde plus d'estime à l'activité de l'esprit qu'aux activités manuelles est à l'origine de la hiérarchie sociale qui place les professions libérales, les « arts libéraux », au-dessus de ce qu'on appelait les « arts mécaniques » abandonnés à une main-d'œuvre souvent servile.

Ainsi l'organisation sociale est la résultante d'au moins

deux types de facteurs : les uns techniques et économiques (division du travail, répartition des tâches, spécialisation professionnelle), les autres culturels, intellectuels, idéologiques, philosophiques. La société soviétique contemporaine, pour des raisons tant idéologiques que matérielles, place, dans l'échelle des salaires, les intellectuels ou les techniciens au-dessus de toute autre catégorie.

La société d'Ancien Régime, comme toute société, est l'expression de ces deux ordres de facteurs. Je viens de dire : *la* société d'Ancien Régime. A vrai dire, l'expression est inexacte car il n'y a pas, à proprement parler, *une* société d'Ancien Régime, pas plus qu'on ne pourrait parler aujourd'hui d'une société du XXᵉ siècle. Je défie quiconque de pouvoir proposer une description qui vaille pour toutes les sociétés dont se compose le monde de 1978. Société du XVIIIᵉ siècle, ou société du XXᵉ siècle sont des abstractions par simplification. D'une façon générale, il y a lieu de se méfier dès qu'on parle de réalité, sociale ou politique, au singulier : le nombre ordinaire de l'histoire et de la réalité sociale est le pluriel. C'est donc *des* sociétés de l'Ancien Régime qu'il convient de parler, même si, de l'une à l'autre, existent certaines analogies ou des traits communs.

Je ne les passerai pas toutes en revue, en raison même de leur diversité. C'est essentiellement de la société européenne de l'Ancien Régime que je vais esquisser les traits principaux. Plusieurs de ces traits valent du reste pour les autres sociétés que nous retrouverons plus tard à l'occasion de l'étude des relations établies entre l'Europe et les autres continents.

2. Les activités professionnelles

Quelques caractères dominants définissent les sociétés de l'Europe d'Ancien Régime et permettent de dresser un inventaire des activités.

LA SOCIÉTÉ RURALE.

D'entrée, il faut souligner l'écrasante prédominance de la société rurale sur la société urbaine.

Ceci est encore vrai en 1789 pour tous les pays du monde. Nous ne pourrions plus en dire autant aujourd'hui, où l'on pourrait établir une classification des sociétés contemporaines en fonction de celles qui sont à prédominance urbaine et de celles où persiste la prédominance rurale. Ce principe de classement ne nous serait d'aucune utilité pour la société d'Ancien Régime, car dans tous les pays sans aucune exception la société rurale domine. Même les pays les plus avancés économiquement, les plus évolués socialement, Angleterre, Provinces-Unies, Italie du Nord, ont encore une forte majorité de ruraux. Dans la France de 1789, sur une population globale qu'on peut estimer à 26 ou 27 millions d'habitants, plus de 20 millions vivent à la campagne; en d'autres pays, ce n'est pas 80 % mais 85, 90, 95 % de la population qui est rurale.

La supériorité de la campagne sur la ville s'étend à tous les aspects de la vie sociale. Elle vaut pour la répartition des hommes mais aussi pour la part du revenu national : en 1780, le revenu des campagnes représente encore près des trois quarts du revenu national total. Pour les investissements de même (exception faite peut-être des villes hanséatiques, des Provinces-Unies, d'une partie de l'Angleterre, et de quelques ports), la forme ordinaire des placements, c'est la terre. Non que la rente foncière — le revenu que procure la possession ou l'exploitation de la terre — assure des bénéfices supérieurs aux autres investissements, bien au contraire : le revenu des capitaux placés dans le commerce, intérieur ou extérieur, est infiniment plus rémunérateur. Si la bourgeoisie française place normalement ses revenus dans la terre, c'est qu'elle y trouve d'abord plus de sécurité; sous ce rapport, l'expérience malheureuse faite au début de la Régence avec le système de Law n'a pu qu'encourager les placements fonciers. Les raisons essentielles de cet attachement sont du ressort de la psychologie collective : dans une société dominée par des valeurs rurales, seule la propriété de la terre apporte la considération, elle seule anoblit. C'est elle qui est à l'origine de l'ascension sociale.

Société rurale n'est pas synonyme de population agricole. La distinction est importante : la population agricole est celle qui vit directement du travail de la terre, la cultive, en tire sa subsistance. Elle comporte une hiérarchie de positions. Au sommet, les propriétaires exploitants, ceux qu'on appelle dans la société rurale de la France d'Ancien Régime les laboureurs, qui ont assez de biens au soleil pour ne pas avoir besoin de louer des terres appartenant à d'autres. Au bas de l'échelle, ceux qui travaillent la terre sans la posséder.

Entre la propriété de la terre et le travail de la terre, les relations peuvent être diverses et revêtir de multiples formes qui sont tantôt confondues, tantôt dissociées, selon les parties de l'Europe. Les régimes qui définissent ces relations dépendent d'une part de facteurs proprement économiques, et d'autre part, de facteurs juridiques ou politiques, institutions, codes, règles posées par le droit.

Exemple de facteur économique : l'endettement, phénomène classique de toutes les sociétés rurales, drame de toutes les paysanneries du monde, de tous les temps, de l'Antiquité grecque et latine (Solon ou les Gracques), de la Chine d'avant la révolution agraire, des fermiers américains au temps de la grande crise. L'endettement est un problème chronique qui se pose à toutes les sociétés rurales. Il a pour effet de dépouiller les paysans et de transférer la propriété de la terre de ceux qui la détenaient héréditairement aux usuriers, aux banques, ou aux prêteurs.

A côté des facteurs économiques jouent aussi des facteurs sociaux ou juridiques. De ce point de vue, on observe dans l'Europe d'avant la Révolution des différences très marquées. Bien plus, on relève des évolutions de sens contraire : l'Europe orientale semble s'engager dans une voie exactement opposée à celle que suivent les paysanneries de l'Europe occidentale. L'Europe est loin de former une unité et il est impossible de parler au singulier d'une société d'Ancien Régime comme si elle présentait des traits analogues d'une extrémité à l'autre du continent.

A l'ouest de l'Europe.

A l'ouest de l'Europe (c'est surtout vrai de la France), un mouvement lent mais continu tend à émanciper depuis plusieurs siècles les hommes de la terre. Le servage a à peu près disparu. On dénombre peut-être un peu moins d'un million de serfs dans la France de l'Ancien Régime et dont la condition s'est du reste sensiblement améliorée. La disparition du servage, c'est la rupture du lien qui assujettissait l'homme à la volonté d'un seigneur et à une terre déterminée. C'est une étape capitale dans l'évolution qui a peu à peu affranchi l'individu et lui permet de choisir sa résidence, son métier, son emploi; cette mobilité s'accroîtra au XIXe et au XXe siècle.

Les droits féodaux pourtant perpétuent un signe tangible de la dépendance des paysans à l'égard des seigneurs. Mais la réalité de ces droits n'a cessé de s'amenuiser. En effet, c'est généralement en argent que ces droits sont acquittés. Le montant en a été jadis défini, et, depuis, le mouvement de hausse des prix qui entraîne la dépréciation de la monnaie, en a singulièrement allégé la charge. C'est cet amenuisement progressif qui provoquera le phénomène de la réaction nobiliaire.

Avec la disparition du servage, l'allégement progressif des droits féodaux, le paysan, en France et dans une partie de l'Europe occidentale, se sent maître chez lui. La terre qu'il travaille, il la considère comme sienne. Il a l'assurance de pouvoir y rester et la transmettre à ses enfants. La Révolution française, en tant que révolution sociale, consacrera ce mouvement séculaire. Elle ne renverse pas la tendance : elle en rapproche le terme. Sans elle, il eût peut-être fallu plusieurs siècles encore pour amener l'extinction des droits féodaux. Elle va les abolir en deux étapes — nuit du 4 août, décrets de la Convention en 1793. Telle est la signification des mesures prises par les assemblées révolutionnaires en la matière : elles consacrent en droit un mouvement irréversible amorcé depuis plusieurs siècles.

En Europe centrale.

Plus à l'est, en Europe centrale, (possessions des Habsbourg, Allemagne à l'est de l'Elbe), la situation est bien différente : le servage lié à l'économie foncière est la condition normale. Au lendemain des désastres de la guerre de Trente ans, l'aristocratie a reconstitué les grands domaines.

L'économie est essentiellement terrienne; il y a très peu d'argent, peu d'échanges. En l'absence d'argent et de possibilité pour les propriétaires de salarier une main-d'œuvre, ils sont obligés de l'asservir. Le servage est une composante essentielle et comme la contrepartie du système économique et social. A quoi servirait-il aux grands propriétaires de Bohême ou de Hongrie de disposer de vastes domaines s'ils n'avaient pas la main-d'œuvre pour les mettre en valeur? Le servage est une nécessité, tant qu'il n'y a pas encore une économie monétaire comportant circulation et échanges.

Le servage durera en Europe centrale jusqu'au XIXᵉ siècle, bien qu'il fasse l'objet d'un certain nombre de prohibitions. En 1781, Joseph II abolit le servage personnel, c'est-à-dire la forme la plus humiliante, celle qui apparaît à l'esprit du siècle comme la plus contraire à la dignité de l'homme, le servage qui attache l'individu non pas au sol mais à un maître et qui ressemble comme un frère à l'esclavage. En 1807, au lendemain de la défaite d'Iéna, quand la Prusse entreprend un ensemble de réformes destinées à la moderniser pour lui permettre d'affronter ultérieurement une épreuve de force avec la France de la Révolution, elle supprime le servage. En 1848, à la faveur de la révolution en Autriche, la grande Assemblée constituante abolira les vestiges du servage. Ainsi pour la partie centrale de l'Europe, il faut attendre le milieu du XIXᵉ siècle pour que disparaissent, par un acte législatif, les survivances du servage qui avaient été, pendant des siècles, le système des relations entre la terre et l'homme.

En Russie.

Plus à l'est, en Russie, l'évolution est à rebours. Le servage achève de disparaître à l'ouest, il se maintient au centre, où ses positions sont déjà entamées. A l'est, il s'étend.

La Russie ne le connaissait guère avant le XVIe siècle. Depuis, il tend à y devenir la règle. C'est par là que l'histoire russe diverge fondamentalement de celle du reste de l'Europe. C'est la politique des tsars qui étend le servage; Pierre le Grand, Élisabeth, Catherine obéissent à deux ordres de considérations. C'est d'abord un moyen pour eux de se gagner et de récompenser la fidélité des nobles en leur donnant la terre; mais que vaut la terre sans la main-d'œuvre? Nous retrouvons la même nécessité inéluctable. On leur concède donc, en même temps que le domaine, la main-d'œuvre, un ou plusieurs villages, avec leurs « âmes », comme on dit dans la littérature russe du XIXe siècle. En France, le roi peut pensionner les nobles : l'économie est déjà suffisamment monétaire, le roi est assez riche pour ce faire. Le tsar ne peut donner que ce qu'il a : de la terre et des hommes.

A cette raison, s'en ajoutent d'administratives. On pourrait dire de la Russie du XVIIIe siècle qu'elle est sous-administrée. Les tsars ne disposent pas du personnel suffisant pour administrer un territoire aussi étendu et encadrer la population. Souvenons-nous de ce que nous disions de la distance relative et de la dispersion des hommes sur de vastes espaces. La Russie n'est pas gouvernable au XVIIIe siècle par les méthodes et avec les pratiques d'une administration centralisée. Force est donc au souverain de se décharger de l'administration des hommes sur les seigneurs; il s'en remet aux propriétaires du soin d'administrer, de tenir l'état civil, de rendre la justice, de lever les impôts, de fournir à l'armée des miliciens. En contrepartie, les hommes leur appartiennent. Le servage n'est qu'une pièce d'un système social qui est une survivance de la féodalité. Il faudra attendre l'oukase libérateur de 1861 par lequel le tsar Alexandre II prendra l'initiative d'abolir le servage.

Ainsi en 1750 beaucoup de paysans européens sont encore soumis à des dépendances : servages, droits féodaux. Mais d'autres contraintes sont plus horizontales que verticales : celles qui découlent non plus de la superposition d'un ordre autoritaire, mais des habitudes, des traditions, des règlements adoptés en commun. C'est ce qu'on appelle les contraintes communautaires ou les servitudes collectives, les deux expressions désignant la même réalité.

Ces contraintes sont en rapport direct avec les conditions de l'économie. Elles sont imposées d'abord par l'état de l'agriculture, des connaissances et des possibilités agricoles, des conditions techniques, par le morcellement des terres, le faible rendement, la nécessité d'associer sur un même terroir la production des grains et l'élevage d'un troupeau. Ces nécessités d'ordre technique sont ensuite consacrées par des obligations juridiques sanctionnées en cas d'infraction. L'ensemble de ces servitudes qui s'est peu à peu élaboré vient d'un passé extremement ancien et remonte à des millénaires : ces contraintes sont bien antérieures à la féodalité; par comparaison le servage est récent.

Elles sont surtout développées dans les régions de champs ouverts, où les parcelles s'enchevêtrent et rendent indispensable qu'on les cultive ensemble : il faut y planter les mêmes semences, faire la récolte en même temps. De là découlent un certain nombre d'interdictions. Les paysans, même s'ils sont propriétaires de plein droit, ne peuvent planter ce qu'ils veulent, ni varier les cultures à leur gré. Les assolements sont fixés par la tradition. Ils ne peuvent davantage enclore puisque, aussitôt la moisson faite, le troupeau communal doit pouvoir accéder à leur parcelle; c'est ce qu'on appelle la vaine pâture. Toute l'activité est ainsi inscrite dans un réseau serré de contraintes que la communauté locale s'applique à faire respecter. Il n'y a pas d'individualisme agraire. Cette situation est celle aussi bien du vil-

lage français de Champagne ou de Picardie, que du village
allemand, hongrois ou du mir de la plaine russe. Partout
des communautés fortement constituées enferment l'initiative des individus dans des limites étroites fixées par la coutume, les traditions, les autorités locales. Cette dépendance
économique se prolonge par une contrainte sociale qui règle
tous les détails de l'existence : les usages, les mœurs, les
croyances mêmes sont imposés par la communauté. Il n'y a
ni mobilité ni liberté. Il en va un peu différemment dans les
régions de champs clos, de bocage, où l'habitat dispersé
ménage aux individus une marge d'initiatives plus étendue;
mais cela reste l'exception par rapport à des sociétés rurales
fortement organisées et structurées.

Au XVIIIe siècle, le cas de l'Angleterre est différent. C'est,
avec la Russie, la seconde anomalie en Europe : l'Angleterre commence à s'engager sur une voie originale. L'agronomie y est en avance; les propriétaires britanniques peuvent
enclore leur domaine en demandant une autorisation au
Parlement : ce sont les Actes d'enclosure. Une fois closes,
les propriétés sont souvent transformées par leur propriétaire : aux céréales, ils substituent des cultures fourragères
et l'élevage plus rémunérateur et qui demande moins de
main-d'œuvre. En même temps, se dessine un mouvement
de concentration de la terre.

La transformation est donc, au départ, économique,
même si elle exige une formalité juridique. Elle entraîne des
conséquences sociales. Par la concentration de la terre la
classe des petits propriétaires, les *yeomen*, se trouve évincée
progressivement. Une aristocratie de grands propriétaires
fonciers se renforce qui est à la fois propriétaire de la terre,
maîtresse de l'administration locale et qui compose la quasi-
totalité du Parlement.

Telle est la diversité des conditions faites à la population
agricole de l'Europe d'Ancien Régime.

Mais la société rurale ne comprend pas seulement des paysans, des cultivateurs. A côté d'eux, vit aussi à la campagne une population nombreuse qui ne vit pas directement du travail de la terre : artisans ruraux, commerçants ruraux, tous ceux qui exercent de petits métiers à mi-chemin entre l'agriculture et l'industrie.

L'Europe du XVIIIe siècle a une industrie rurale dispersée. En effet, au XVIIIe siècle, agriculture et industrie ne s'opposent pas comme aujourd'hui. De nos jours, l'agriculture est à la campagne, et l'industrie à la ville; à l'époque, elles s'entremêlent. Ville et industrie ne s'attirent pas nécessairement. Les villes sont loin d'être toutes des centres industriels. Les fonctions spécifiques des villes sont autres : fonction d'échange, avec le commerce et la banque, ou fonction administrative et intellectuelle, rarement d'activité industrielle. Réciproquement l'industrie n'est que faiblement concentrée : elle n'a pas encore besoin de machines, d'énergie, d'une main-d'œuvre importante. Elle peut se disperser dans la campagne. L'industrie se fixe au bord de l'eau qui fournit l'énergie pour animer moulins, presses à papier, forges, martinets, ou à proximité des forêts qui lui donnent le combustible nécessaire. L'industrie domestique est répandue jusque dans les plus petits villages. Beaucoup de paysans ont aussi un métier. L'industrie leur apporte pendant la mauvaise saison un travail de complément, un salaire d'appoint. Les marchands leur fournissent la matière première et revendent les produits fabriqués. Il y a ainsi toute une circulation de produits et d'échanges à laquelle les villages sont intégrés. Ainsi, du fait de l'osmose entre le travail de la terre et l'industrie domestique, des contraintes imposées par les communautés agricoles, la société rurale d'Ancien Régime est bien différente de la nôtre.

LA SOCIÉTÉ URBAINE

Les villes.

Sur le soubassement que dispose partout la société rurale, se dessinent les villes. L'existence de villes comme ensembles organisés est aussi ancienne que les sociétés. C'est un élément constitutif de toute société. Mais le phénomène urbain peut revêtir des formes très diverses, et son importance quantitative varier dans le temps et l'espace.

Au XVIIIe siècle, le phénomène est encore peu développé. C'est la contrepartie de la prédominance de la société rurale ; seule une petite minorité vit en ville. Il y a de nombreuses villes, mais très peu de grandes villes. En 1800, même l'Angleterre — qui pourtant devance sur la voie de l'urbanisation le reste de l'Europe et à plus forte raison les autres continents — ne compte que 5 villes de plus de 100 000 habitants, pour 23 dans l'Europe entière. En France, Paris groupe, à la veille de la Révolution, autour de 650 000 habitants ; mais il ne faut pas généraliser sur le cas de Paris qui est un monstre. En dehors de Paris, seul Lyon dépasse — et d'assez peu — le cap des 100 000, avec quelque 135 000 habitants.

Le phénomène est inégalement réparti à la surface de l'Europe. Le degré d'urbanisation varie d'une région à l'autre de façon considérable en fonction de l'ancienneté d'urbanisation de chaque région. Grossièrement, les régions urbanisées dessinent une sorte de ruban orienté du nord-ouest au sud-est de l'Europe occidentale, des rivages de la mer du Nord et de la Baltique à la partie septentrionale de l'Italie, Adriatique et mer Tyrrhénienne. Cette nébuleuse est composée des villes hanséatiques, des villes hollandaises, des ports des Provinces-Unies (Amsterdam, Delft ont connu leur siècle d'or au début du XVIIe siècle après s'être libérées de la tutelle de la couronne d'Espagne), des villes flamandes plus anciennes qui ont souvent dû arracher leur liberté aux évêques et dont certaines, dès le XIIIᵉ siècle, étaient des centres actifs grâce au commerce et au tissage des draps et de la toile; des villes allemandes de la vallée du Rhin, de la Bavière, en Souabe, en Franconie, au pied des Alpes, au débouché des cols par lesquels passent les voies de communication entre Europe du Nord et Europe du Sud, entre toutes ces parties actives de l'Europe, enfin les grandes cités de l'Italie septentrionale, Milan, Vérone et les ports, Venise, Gênes. Voilà sommairement dessinée la carte des plus grandes zones urbaines.

Si nous faisons momentanément abstraction du milieu du XVIIIᵉ siècle et que nous considérions l'Europe d'aujourd'hui, nous découvrons des analogies. La carte des centres urbains, de la concentration humaine, des grandes voies de communication, des autoroutes reconstitue aujourd'hui cette trajectoire orientée du nord-ouest au sud-est, de la mer du Nord à l'Italie, qui laisse la France un peu à l'ouest.

L'existence et la prospérité de ces villes sont souvent liées à certaines industries (drapière, parfois aussi à des industries plus modernes, à Lyon l'imprimerie), mais c'est entre le négoce et la ville que le lien est le plus étroit. La ville est d'abord un centre d'échanges, tantôt saisonniers (les foires périodiques), tantôt permanents. C'est du commerce que sont nés la plupart des grands centres urbains.

Cette corrélation entre l'activité d'échanges et la ville a des conséquences sur la composition sociale de la population urbaine. La bourgeoisie est d'abord une bourgeoisie de marchands, de négociants. Il y a toute une hiérarchie depuis le petit détaillant, le regrattier, jusqu'au négociant qui commerce avec le reste du monde connu. Il s'agit donc de commerce intérieur et de commerce extérieur, continental et maritime.

Les ports.

La plupart des grandes villes sont des ports. En Italie, pour Venise et Gênes, la prospérité économique se traduit politiquement par l'indépendance. Venise et Gênes sont des républiques souveraines qui réussiront à préserver leur indépendance jusqu'aux bouleversements de la Révolution. De même, aux Provinces-Unies, les ports détiennent la primauté. En Angleterre, Londres, capitale politique, est un grand port de mer. En France aussi on constate la concomitance entre importance des centres urbains et activité maritime. Après Paris et Lyon, par ordre d'importance décroissante, on trouve Marseille : 90 000 habitants, Bordeaux : 84 000, Rouen : 72 500, Nantes : 57 000; il s'agit des chiffres à la veille même de la Révolution. Entre Rouen et Nantes s'intercale Lille qui se rattache à la constellation des villes textiles de la Flandre. Il est frappant que sur les 7 premières villes de France, 4 soient des ports dont 3 des ports de l'Ouest : Bordeaux, Rouen et Nantes.

La géographie des centres urbains s'est depuis modifiée. A la veille de la Révolution, plus de la moitié des grands centres urbains étaient situés à l'ouest du méridien de Paris. Aujourd'hui, c'est à l'est du même méridien qu'on trouve les régions les plus actives, les plus peuplées, les plus industrielles. Il y a là un changement profond dans la répartition du revenu national et dans la structure des activités. Pour reprendre la distinction, désormais classique, entre France dynamique et France statique, à la veille de la Révolution la France dynamique, c'est la France de l'Ouest; aujourd'hui, c'est celle de l'Est et l'on sait quels problèmes pose, pour l'aménagement du territoire, la réanimation des régions déclinantes de l'Ouest et du Sud-Ouest.

Les bourgeoisies.

De même que nous avons décrit plusieurs sociétés d'Ancien Régime nous parlerons de plusieurs bourgeoisies d'Ancien Régime, différentes par leurs origines, leurs activités professionnelles, leur mode de vie. A côté de la bourgeoisie qui vit du négoce, il y a une bourgeoisie intellectuelle et d'administration, une bourgeoisie de professions libérales, celle qui gravite autour des Parlements.

A travers l'Europe, la bourgeoisie, qu'elle soit de commerce ou de fonction, est très inégalement développée. Son ampleur dépend du degré de développement des pays, lequel varie en fonction du développement économique et de la diffusion des connaissances. Dans le domaine économique, nous savons que les sociétés maritimes ont pris une avance considérable sur les sociétés continentales. C'est dire qu'à l'Ouest on trouve une bourgeoisie importante qui n'a pas son équivalent à l'Est où, à quelques rares exceptions près, rien ne s'interpose entre une paysannerie de serfs et une aristocratie de grands propriétaires, boyards russes ou magnats hongrois.

L'absence de bourgeoisie a des conséquences sur l'économie et sur le gouvernement de l'Europe orientale. L'absence d'une classe disposant de capitaux et désireuse de les placer, instruite, cultivée, capable de prendre des initiatives, contraint l'État à s'y substituer. En Russie, en Prusse, c'est le pouvoir qui suscite l'industrie, qui met le pays en valeur. C'est une des caractéristiques du régime. Une politique économique d'initiative gouvernementale, avec intervention de l'État, est une des caractéristiques du despotisme éclairé, et ce n'est pas un hasard si la carte du despotisme éclairé se trouve coïncider avec celle des pays où la bourgeoisie est pratiquement inexistante. Ainsi, nous pressentons, dans

une mesure qu'il faudra préciser, que l'état de la société
modèle la forme du régime politique et concourt à fixer
la nature du gouvernement.

En France, la situation est toute différente : il existe
depuis des siècles une bourgeoisie importante, active, riche,
cultivée, mais qui n'est guère entreprenante, et l'État est
obligé de jouer le rôle d'entrepreneur. La France a une
tradition d'initiative gouvernementale dont le système col-
bertiste est l'expression la plus accomplie. Cette bourgeoisie
ne joue pas en France le rôle qu'on lui voit prendre en
Angleterre où elle est à l'origine du progrès. Les raisons sont
essentiellement psychologiques et culturelles et soulignent le
poids de facteurs qui ne sont pas économiques. Si l'État est
ainsi obligé de se substituer à la bourgeoisie, c'est que la
bourgeoisie se détourne de l'économie. D'une part, elle achète
de la terre, ce qui, nous l'avons vu, revient à dire qu'elle est,
somme toute, plus avide de considération que de profit.
Elle cherche l'honorabilité, elle aspire à s'identifier à la
noblesse. Le code des valeurs sociales détourne ainsi les
capitaux du commerce ou de l'industrie et les stérilise dans
l'achat de la terre dont on ne se préoccupe guère de moderniser l'exploitation ou d'améliorer le rendement. D'autre
part, la bourgeoisie achète des charges. C'est la conséquence
de la vénalité des offices. A cause de l'organisation défectueuse de ses finances, la monarchie française n'a jamais su
se donner les moyens de sa politique; elle en a toujours
été réduite à vivre d'expédients. L'un de ces expédients
consistait à vendre les charges de justice et d'administration.
Ces charges tentent la bourgeoisie parce qu'elles lui apportent
cette considération dont elle est si friande et une possibilité
pour ses héritiers d'accéder à la noblesse. La terre et les
charges, voilà où passent en France les ressources de la
bourgeoisie.

3. Ordres et classes

Après la description de la société en fonction de sa localisation dans l'espace, de ses activités professionnelles et de la distinction entre ville et campagne, il convient d'en considérer les aspects juridiques. Quelle est la place, quel est le statut de tel ou tel groupe dans l'ensemble social? Quelles sont les relations de dépendance et de hiérarchie entre les différents groupes dont l'assemblage compose la société de l'Ancien Régime?

Je prendrai comme exemple la France. C'est la première société qui fut bouleversée par la Révolution, et aucune n'illustre mieux sans doute la diversité des principes d'organisation qui se chevauchent.

L'analyse de la société française peut s'ordonner autour de deux notions : ordre et classe, qui se rapportent toutes deux à l'organisation. Elles y introduisent des distinctions et des divisions : il y a pluralité d'ordres comme il y aura pluralité de classes. Là s'arrêtent leurs analogies : elles ne se réfèrent pas à la même conception de l'organisation sociale et elles procèdent de principes différents.

Nous envisagerons tour à tour ce que sont les ordres et ce que sont les classes, quels ordres existent dans l'Ancien Régime et de quelles classes on peut déjà discerner les contours, enfin, quels rapports d'opposition ou au contraire quelles similitudes existent entre ordres et classes. Nous découvrirons ainsi l'anatomie de cette société en la soumettant à deux radiographies : l'une qui prend pour principe d'investigation la notion d'ordre, l'autre celle de classe.

LES ORDRES, LES CLASSES

La société de l'Ancien Régime ne connaît en principe
que les ordres. On ne peut donc parler de classes à son
propos qu'avec prudence. Au contraire, la notion d'ordre
inscrite dans les textes correspond à la mentalité du temps.
C'est une notion essentiellement juridique. L'ordre se définit
par un statut. Aussi peut-on parler indifféremment d'ordre
ou d'état : le tiers état est le troisième ordre. Les deux
termes sont interchangeables, état étant le doublet du mot
statut. L'ordre se définit effectivement par un statut qui
comporte à la fois des prérogatives et des obligations, les
unes et les autres devant normalement s'équilibrer. Les
obligations trouvent leur contrepartie dans les prérogatives
et celles-ci se justifient par l'accomplissement des charges
qui incombent à l'ordre considéré.

Notion et réalité juridiques sont tout à fait étrangères
à l'économie. Avec les ordres, la fortune non plus que l'activité professionnelle ne sont des critères décisifs. A des
niveaux de vie très différents, on peut fort bien appartenir
au même ordre. Par exemple, la bourgeoisie la plus riche
cohabite, au sein du même ordre — le tiers état — avec les
chemineaux et ces errants que nous évoquions. Au regard
du droit, leur situation est la même : ils ont même statut.
Réciproquement, deux hommes appartenant à des ordres
différents peuvent avoir un revenu très comparable et le
même niveau de vie. Il s'agit donc bien d'une réalité sociale
irréductible à la classe.

On appartient à un ordre par la naissance pour la noblesse
et pour le tiers. On peut y accéder par vocation pour le
clergé qui propose des possibilités d'ascension sociale aux
roturiers : beaucoup ont pu, en faisant carrière dans l'Église,
accéder aux plus hauts emplois non seulement ecclésiastiques,

mais politiques et administratifs, le ministériat, la diplomatie. Cette société n'est pas figée : les ordres ne sont pas des castes; il y a des possibilités d'anoblissement. L'aristocratie française, à la veille de l'Ancien Régime, est composée, dans une proportion très forte, de descendants de familles qui, deux ou trois siècles plus tôt, n'étaient pas nobles mais qui ont obtenu du roi des lettres d'anoblissement, ou qui ont usurpé la noblesse.

Nous discernons à propos du clergé l'origine lointaine de la différenciation par ordres : dans une certaine mesure, elle procède d'une division des tâches et c'est par là qu'elle présente certaines affinités avec la division par classes, au moins dans son principe. La division de la société d'Ancien Régime en trois ordres repose originellement sur une différence de fonctions. Le clerc, l'homme d'Église, a pour fonction de prier pour la communauté, de rendre un culte à Dieu. A ces fonctions essentielles, s'en ajoutent d'autres occasionnelles : enseignement, assistance. Le noble assure la défense : il combat, il protège; il juge accessoirement. Le tiers travaille.

Cette répartition des fonctions qui engendre une distinction en ordres, est elle-même le reflet d'un système de valeurs. Certaines de ces valeurs sont religieuses, telle la prééminence du service de Dieu sur les autres activités. Les autres sont des valeurs sociales; ainsi la distinction entre qui combat et qui travaille, et la prééminence accordée à celui qui porte l'épée.

Si l'ordre est une notion juridique, la classe n'a aucune expression juridique. C'est une simple réalité de fait, rarement consacrée par le droit. Elle ne l'était pas avant 1789, elle ne l'est pas davantage depuis : au regard de la loi, tous les individus sont égaux. La loi étant la même pour tous, ne tient pas compte des classes, même si dans la réalité la société est inégale et hétérogène.

Les ordres ne sont pas égaux entre eux; avec la diversité, cette société comporte l'inégalité par la hiérarchie. Le premier ordre est le clergé, vient ensuite la noblesse, en dernier lieu le tiers. L'inégalité n'est pas alors interprétée comme une exception honteuse, une dérogation à la loi : elle est l'état normal. Notre société contemporaine a mauvaise conscience quand elle constate l'inégalité. Ce n'est pas le cas dans la société d'Ancien Régime qui repose explicitement sur l'inégalité : l'inégalité est tenue pour légitime car elle est l'expression de la différence des dignités, des tâches et des situations.

Chaque ordre a son statut propre, et nous saisissons sur ce point un trait caractéristique de l'Ancien Régime politique : il n'est pas uniforme. L'Ancien Régime ne connaît pas de loi unique. C'est une des innovations de la Révolution de 1789 que d'instaurer l'égalité devant la loi, l'égalité devant l'impôt, l'égalité devant les charges et c'est en cela que notre société contemporaine diffère le plus de celle d'Ancien Régime.

L'Ancien Régime part de la reconnaissance de la diversité des situations et la consacre juridiquement. L'Ancien Régime est le régime de la loi particulière. A la limite, on concevrait qu'il y ait autant de lois que d'intéressés, et, s'il n'y en a pas autant que d'individus, il y en a autant que de communautés. Il n'y a pas un régime municipal unique : chaque village a sa charte, ses franchises, ses libertés, différentes de la municipalité voisine. De même pour les provinces et pour les ordres. L'Ancien Régime, c'est le régime de la loi particulière, c'est-à-dire du privilège. Tel est le sens de privilège à l'origine, étymologiquement. Le mot s'est chargé pour nous depuis d'un autre sens et nous y mettons maintenant un jugement de valeur péjoratif; mais, à l'origine, le privilège ne désigne rien d'autre qu'une loi particulière. Pour entrer dans l'intelligence de la société d'Ancien Régime,

il faut comprendre les principes sur lesquels elle repose :
diversité de la société, pluralité des ordres, hiérarchie et
multiplicité des lois.

Ces privilèges comportent un système de droits et de
devoirs qui se font équilibre. La noblesse avait un devoir :
assurer la défense et la protection. En échange elle était
dispensée de travailler et autorisée à lever les droits féodaux.
De même le clergé, pour remplir l'office divin, devait être
déchargé de tout travail servile et c'était aux fidèles d'assurer
son entretien.

Chacun de ces ordres a sa représentation distincte au
sein des États généraux.

L'ORGANISATION SOCIALE ET SON VIEILLISSEMENT

Telle était la situation initiale. Au XVIIIᵉ siècle, la situation est profondément transformée. Cette organisation a
vieilli : elle a perdu ses raisons d'être. L'évolution du gouvernement, des rapports sociaux, de l'économie a progressivement altéré et rompu l'équilibre entre droits et devoirs.
L'opinion commence de s'en aviser. Sous la façade des
ordres apparaît une autre classification sociale qui oppose
les classes : de l'affrontement entre les ordres traditionnels
et les nouvelles classes sortira la révolution sociale de 1789.

La distinction traditionnelle en ordres a cessé de correspondre à des nécessités aussi pressantes qu'au Moyen Age
ou au début des temps modernes. C'est désormais une survivance et, comme telle, elle est condamnée à terme. Survivance, elle l'est pour plusieurs raisons, d'ordre politique,
social, économique.

La centralisation monarchique.

C'est d'abord l'essor d'une forme de régime plus jeune :
la monarchie absolue. Le développement d'une monarchie
centralisée, administrative où le pouvoir est concentré entre
les mains d'un souverain unique, retire à cette organisation
sociale sa raison d'être et sa justification. A mesure, en
effet, que le monarque et ses conseillers reprennent en charge
telles et telles attributions qui incombaient à l'aristocratie,
les privilèges de celle-ci perdent leur légitimité. L'équilibre
traditionnel entre ses devoirs et ses droits est désormais
rompu. Déchargée de quelques-unes de ses fonctions sociales,
la noblesse prétend néanmoins conserver les privilèges, hono-
rifiques ou pécuniaires, qui en étaient la contrepartie.

Depuis plusieurs siècles, un processus inexorable transfère
de l'aristocratie militaire et propriétaire à la monarchie administrative les principales fonctions sociales : la défense, avec
l'apparition d'une armée permanente soldée par le roi et
qui dispense de recourir à la noblesse batailleuse. C'est sous
Louis XIII que, pour la dernière fois, on a fait appel au
ban et à l'arrière-ban, selon la vieille terminologie médiévale.
Depuis, la fonction militaire de la noblesse est révolue.
Désormais, l'armée est aux ordres du roi, de même que la
police avec l'instauration de la maréchaussée. Ce processus
qui se manifeste dans tous les pays d'Europe, mais à des
degrés divers, à un rythme inégal, tend à dessaisir la noblesse
de ses charges, les monarques s'employant simultanément
à la domestiquer. C'est la signification de la cour : la constitution autour de la personne du roi d'une société toute
consacrée à honorer la majesté royale réduit le rôle de la
noblesse à celui de desservante du culte monarchique, à un
rôle purement décoratif, et la contraint à l'oisiveté. Elle
conserve cependant ses avantages traditionnels, immunités
fiscales, exemptions, tous ses privilèges qui perdent, tant

objectivement qu'aux yeux de l'opinion, leur justification. Dans ce déséquilibre réside un des éléments du malaise qui se dessine et de la crise qui emportera bientôt l'ordre social traditionnel. La discordance qui s'accentue ainsi progressivement entre une société fondée sur la superposition d'ordres privilégiés au tiers état, et la réalité nouvelle, engendre un sentiment antinobiliaire et explique le tour antiaristocratique pris par la Révolution à ses débuts.

Les transformations de l'économie.

Les transformations de l'économie développent des effets parallèles. Son évolution au XVIIe siècle, au XVIIIe siècle surtout, appauvrit progressivement la noblesse. C'est surtout vrai en Europe occidentale. Tant que l'économie demeure essentiellement rurale et que la principale forme de richesse reste la terre, la noblesse qui détient la propriété d'une grande partie du sol reste la catégorie sociale la plus riche. Mais il n'en va plus ainsi avec l'apparition du capitalisme commercial, le développement du mercantilisme, des échanges, d'une économie monétaire : la terre perd de son importance relative dans l'économie et dans le revenu national. Par contrecoup, la noblesse voit sa fortune s'amenuiser.

En même temps qu'elle appauvrit la noblesse, l'évolution enrichit la bourgeoisie dont le rôle économique s'accroît : c'est elle qui contribue le plus activement à l'enrichissement du pays. Elle voit aussi grandir son rôle politique, puisque c'est sur elle que s'appuie la monarchie : c'est dans la bourgeoisie que les souverains recrutent leurs ministres et leurs commis.

En parlant de « bourgeoisie », nous faisons intervenir une autre notion que celle des ordres traditionnels. La bourgeoisie n'est pas un ordre : ce n'est qu'une couche sociale à l'intérieur du tiers état. Opposer bourgeoisie à noblesse, c'est faire apparaître à côté des ordres un phénomène relativement nouveau, celui des classes. La classe est une réalité d'une autre nature, qui ne se définit plus par des critères juridiques. Ce qui fait le bourgeois, au sens moderne du terme, c'est moins son statut que son activité professionnelle, le métier qu'il exerce et dont il tire ses revenus, son niveau de vie et aussi son genre de vie, c'est-à-dire sa façon de dépenser ou d'épargner, de faire fructifier son argent, enfin des facteurs qui relèvent de la culture et de l'éducation.

Ainsi, comme l'évolution politique, l'évolution économique, au moins en Europe occidentale, condamne-t-elle à terme la vieille distinction en ordres.

Le mouvement des idées et l'évolution des esprits.

Ajoutons — il ne s'agit plus des facteurs objectifs, mais de l'idée que les contemporains s'en font — que l'évolution des esprits et des idées commence à ressentir comme inacceptable parce qu'injustifiée, la persistance de l'inégalité et la permanence de la société par ordres.

Ainsi, au XVIIIe siècle, en France, où la discordance est la plus prononcée — mais on en pressent des signes avant-coureurs en d'autres régions de l'Europe occidentale : Italie du Nord, Pays-Bas, Allemagne rhénane —, deux ordres de réalités sociales chevauchent : les vieux cadres juridiques devenus archaïques et de nouvelles structures en puissance qui dessinent les classes de la société libérale du XIXe siècle.

LA RÉACTION NOBILIAIRE

Le divorce entre classes et ordres s'aggrave dans la seconde moitié du XVIIIe siècle. On enregistre dans les trente dernières années de l'Ancien Régime une exaspération de leur antagonisme. C'est que se produit alors un raidissement des ordres privilégiés, une sorte de crispation dans une attitude défensive qui interrompt brutalement l'ascension graduelle de la bourgeoisie et le renouvellement naturel de cette société.

En dépit des distinctions tranchées dans les ordres, la société française du xvie ou du xviie siècle gardait une assez grande mobilité sociale. Il n'était pas impossible à des gens doués ou fortunés de passer d'un ordre à l'autre. La bourgeoisie a toujours vu s'ouvrir des possibilités d'accession aux ordres privilégiés, ne fût-ce que par l'achat de charges, l'entrée dans la noblesse de robe ou l'acquisition de terres dont la possession anoblissait. Tant que jouent ces soupapes de sûreté, la bourgeoisie ne nourrit aucun dessein révolutionnaire, elle se trouve bien d'une situation qui lui laisse l'espoir d'accéder au partage des privilèges. C'est le jour où elle se voit enfermée dans la situation inférieure qui est la sienne, que commencent à naître des aspirations proprement révolutionnaires. Telle est sommairement décrite la situation à la fin de l'Ancien Régime.

La bourgeoisie se heurte alors à ce qu'on appelle la réaction nobiliaire. Réaction de défense d'un ordre qui sait ses positions menacées, voit sa fortune s'amenuiser et qui cherche désespérément à conserver sa prééminence traditionnelle, à préserver, parfois même à restaurer un ordre traditionnel qui lui était avantageux. Ainsi les Parlements exigent désormais, pour acheter une charge, au moins quatre quartiers de noblesse. En 1781, dans l'armée, un règlement militaire réserve l'accès au grade d'officier à ceux qui appartiennent à la noblesse : les éléments du tiers sont confinés aux grades de « bas-officiers », c'est-à-dire de sous-officiers. Tout espoir de promotion leur est donc interdit.

Ces dispositions juridiques sont renforcées par les comportements spontanés. Ce n'est pas en vertu d'un texte, c'est par une réaction collective que le haut clergé se ferme totalement aux éléments originaires du tiers. Situation nouvelle : au XVIIe siècle, la plupart des prélats étaient d'origine bourgeoise ou même populaire : à la veille de la Révolution, l'aristocratie de naissance accapare évêchés et riches abbayes. De même pour l'exercice du pouvoir politique et l'entourage du souverain. Louis XIV s'était fait une règle de ne prendre pour ministres et conseillers que des bourgeois; à la fin de l'Ancien Régime, la plupart des ministres, voire des intendants, appartiennent à la noblesse. Ainsi l'aristocratie de naissance tend-elle à se réserver tout à la fois les honneurs et les avantages. Cette réaction qui lèse directement les intérêts de la bourgeoisie et heurte aussi son désir de considération, est à l'origine du vif mécontentement antinobiliaire que la bourgeoisie manifestera aux États généraux et dans les premières années de la Révolution.

Mais les éléments supérieurs du tiers ne sont pas les seuls atteints par cette réaction. Parallèlement à l'accaparement des places et des charges, se développe une autre forme de la réaction nobiliaire : la réaction seigneuriale, des nobles dans leurs relations avec leurs paysans. C'est la riposte de l'aristocratie à l'appauvrissement que l'évolution de l'économie entraîne.

Les droits étaient généralement acquittés en espèces et non en nature. Leur montant avait été fixé très anciennement et, depuis, leur réalité s'était peu à peu amenuisée. Il s'agit pour la noblesse de rétablir ses revenus. Aussi remet-elle en vigueur des droits souvent tombés en désuétude. Les commissaires à terriers exhument des droits oubliés, qui n'étaient plus perçus depuis des générations. Cette réaction seigneuriale interrompt le lent mouvement d'émancipation tendant, depuis des siècles, à affranchir la paysannerie et à lui permettre d'accéder à la propriété effective de la terre. De même que la réaction nobiliaire suscitait le mécontentement de la bourgeoisie, cette réaction seigneuriale provoque le mécontentement des paysans. Bourgeoisie et paysannerie vont se trouver solidaires aux origines de la Révolution.

Cette double réaction, nobiliaire et seigneuriale, contre la bourgeoisie et la paysannerie apparaît d'autant plus odieuse aux contemporains qu'elle va à contre-courant de l'évolution économique et sociale, mais aussi intellectuelle. Ici nous retrouvons le troisième facteur : le mouvement des esprits. Ce n'est pas seulement le progrès de la centralisation administrative ou celui d'une économie plus mobilière qui sonne le glas de l'ordre ancien, c'est aussi le mouvement des idées et leur diffusion. La réflexion critique des philosophes s'en prend aux fondements mêmes de la société d'Ancien Régime, remet en question les distinctions traditionnelles et oppose aux préjugés ou à la tradition, le mérite personnel et la supériorité du talent. Ces idées trouvent des échos prolongés dans l'opinion qui commence à devenir une puissance et qui se prononce en faveur des couches nouvelles contre les ordres anciens. La hiérarchie juridique lui apparaît surannée. Elle l'est objectivement, mais surtout elle commence à être ressentie comme telle.

C'est le concours de ces données objectives, qui tiennent à l'évolution des institutions et des structures, et de ces éléments subjectifs qui crée dans la France des dernières années de l'Ancien Régime une situation objectivement révolutionnaire.

Cette discordance dans l'ordre social, entre les cadres anciens hérités du Moyen Age et les forces nouvelles qui se sentent une capacité d'action et sont animées d'une volonté de promotion, est une des composantes majeures de la Révolution. Cet aspect souligne que la révolution de 1789 est au moins autant une révolution sociale qu'une révolution politique. Elle a même été d'abord une révolution sociale. Dans un premier temps, ce n'est pas contre la monarchie qu'elle est dirigée, c'est contre l'inégalité, les privilèges, les ordres. Par la suite, elle déviera et d'antinobiliaire deviendra anti-monarchique parce que la royauté n'aura pas su se démarquer à temps des ordres privilégiés.

4

Les formes politiques
de l'Ancien Régime

Les formes politiques de l'Ancien Régime ne sont pas uniformes et homogènes. On est souvent tenté de conclure de l'unicité de l'expression à l'uniformité des institutions et sous prétexte que la Révolution a fait table rase de tous les régimes politiques antérieurs à 1789, on en infère leur identité. Or, il existe plusieurs Anciens Régimes. C'est seulement par comparaison avec le régime issu de la Révolution qu'on applique à tout ce qui l'a précédée une appellation commune : « Ancien Régime ». La réalité est autrement variée.

C'est déjà vrai pour un même pays. C'est ainsi qu'on voit en France, qui est cependant une des sociétés politiquement les plus unifiées, coexister au XVIIIe siècle les survivances de plusieurs Anciens Régimes politiques profondément différents les uns des autres. S'il en est ainsi à l'intérieur d'un seul pays, à plus forte raison à l'échelle de l'Europe; nous allons retrouver sur le plan politique l'équivalent de cette diversité, dont l'analyse sociale nous a montré des exemples pour l'Europe, entre une Europe terrienne et serve à l'Est et une Europe déjà mercantile, urbaine et libérale à l'Ouest.

La physionomie politique de l'Europe au XVIIIe siècle présente une gamme des plus variées, qui va du stade le plus élémentaire jusqu'à des organisations déjà fort complexes et très diversifiées. La diversité des États est extrême puisqu'il existe plusieurs centaines d'unités politiques : à l'intérieur de l'Empire seul, coexistent plus de 300 entités politiques, mais malgré cette diversité, on peut les ramener à quelques types généraux.

Le problème qui se pose pour définir et dénombrer ces types est un problème permanent de l'analyse des sociétés politiques : celui de la classification. C'est le problème que se posait déjà Montesquieu en cherchant à définir les grands types. Le problème se pose aujourd'hui encore : à combien de types de régimes politiques avons-nous affaire dans la seconde moitié du xxᵉ siècle? Plusieurs classifications sont concevables, la réponse dépendant largement du choix des critères. Montesquieu s'est fondé sur le nombre des pouvoirs et sur leur forme. On pourrait imaginer d'autres classifications, par exemple en fonction des rapports entre gouvernement et gouvernés, ou en relation avec le développement social.

J'adopterai une classification qui tient compte essentiellement de l'historicité des régimes, de leur ancienneté relative. Les régimes que nous décrivons dans l'Europe du xvIIIᵉ siècle ne sont pas nés ensemble. L'origine de certains remonte à un millier d'années, d'autres ne sont apparus qu'une cinquantaine d'années plus tôt, d'autres encore viennent juste de surgir. Il est donc possible de les ranger en fonction de leur ancienneté. On verra que cette classification n'est pas sans rapport avec ce que nous savons déjà de l'état de la société et de la distinction entre deux Europes.

Elle comporte cinq types distincts de régimes politiques. Encore que les quatre premiers puissent être groupés deux à deux. Ce sont, dans l'ordre :

La féodalité aristocratique et les républiques patriciennes : deux versions de régime oligarchique. Dans un cas comme dans l'autre, le pouvoir est détenu, et souvent à titre héréditaire, par un groupe restreint.

La monarchie absolue, telle que la France ou l'Espagne l'ont réalisée au xviiᵉ siècle, et le despotisme éclairé, forme plus récente puisque c'est au xviiiᵉ siècle seulement qu'elle apparaît. Entre la monarchie absolue et le despotisme éclairé, une analogie de nature : tous les pouvoirs sont concentrés entre les mains d'un souverain héréditaire.

La cinquième forme se laisse moins aisément réduire à un type : c'est le régime de l'Angleterre. La monarchie britannique, par certains traits, s'apparente à d'autres : le caractère monarchique tendrait à le rattacher au deuxième groupe, mais par ailleurs, certaines de ses institutions les plus caractéristiques — présence d'un parlement, administration locale — suggèrent qu'il s'agit d'un régime de type aristocratique qu'on pourrait être tenté, eu égard à ces derniers caractères, de ranger plutôt dans le premier groupe : féodalité et patriciat. Il vaut donc mieux, pour l'instant, ranger le cas britannique à part, surtout si l'on tient compte de son avenir : de tous ces régimes, c'est celui qui a devant lui le plus long avenir; il deviendra un modèle universel.

Ces régimes n'ont pas disparu tout entiers, la Révolution n'en a pas extirpé les racines. Il convient donc de rechercher les prolongements et les survivances de chacun de ces régimes dans le monde de 1978, et pour ce, de les examiner tour à tour.

1. Les sociétés féodales

Des cinq, c'est le type le plus ancien. Il a peut-être, au xviiiᵉ siècle, près d'un millénaire d'existence. C'est sans doute aussi le plus universel, le plus répandu, peut-être parce que le plus économique, j'allais dire le plus rustique, comme on dit aujourd'hui d'un matériel robuste et commode. Sans jouer sur les mots, c'est, effectivement, le modèle adapté aux sociétés rurales du Moyen Age. Il est probablement commun à tous les continents et il a survécu jusqu'au XIXe ou au XXe siècle : jusqu'à la Révolution des lumières entreprise par le Mikado en 1868, le Japon vit sous un régime typiquement féodal, celui des *daimyō* et des *shōgun ;* les sociétés de l'Afrique centrale, jusqu'à leur transformation par la colonisation, connaissent souvent des institutions politiques qui sont une variante de la féodalité. La féodalité est en effet le régime normal en l'absence d'État, soit que l'État ait disparu, comme en Europe, avec la chute de l'Empire romain, soit que l'État ne soit pas encore apparu, cas des sociétés primitives d'Océanie, d'Afrique ou d'Amérique.

Premier élément constitutif, négatif, qui caractérise la féodalité : l'absence d'un pouvoir central. L'autorité locale est atomisée par le pullulement de seigneuries que connaît l'Europe du Moyen Age, l'autorité régionale est représentée par duchés, baronnies, principautés, qui superposent à cette poussière de seigneuries des pouvoirs de niveau intermédiaire.

Ces diverses autorités n'excluent pas qu'il y ait au-dessus d'elles un principe supérieur, une suzeraineté, dont l'autorité reste purement honorifique. Le suzerain n'a pas de pouvoir effectif, il n'a pas les moyens d'exercer son autorité et ne dispose sur ses pairs, ou ses vassaux, que d'une primauté de préséance. La réalité du pouvoir est détenue par les barons en Angleterre, par les ducs dans l'Empire, par les princes ailleurs. Le montre bien le fait que, dans la féodalité, le suzerain n'est pas toujours héréditaire, mais plus souvent choisi par ses pairs, la monarchie demeurant élective. Tel était le cas de la monarchie française à ses origines où Hugues Capet a ainsi été choisi par les principaux barons. Tel est encore le cas, au XVIIIᵉ siècle, du Saint Empire germanique où, bien que, depuis plusieurs siècles, la couronne impériale soit devenue héréditaire dans la famille des Habsbourg, le principe reste posé que l'empereur est élu par un collège d'électeurs. C'est sans doute dans la république de Pologne que nous trouvons l'illustration la plus nette du régime féodal puisque le roi de Pologne continue d'être élu par la noblesse. C'est le pendant, l'expression politique d'une société hiérarchisée en ordres.

Un autre trait constitutif de la féodalité est l'existence de liens personnels. Sur ce point, la comparaison révèle ce qui différencie nos sociétés modernes de la féodalité médiévale. Dans nos sociétés, le droit moderne ne connaît pas les individus : il ne fait pas acception des personnes, on ne légifère pas pour le particulier ; les lois sont générales, abstraites, impersonnelles, l'administration aussi. On lui en fait même souvent reproche et l'on dénonce l'inhumanité de l'État, « ce monstre froid », mais il est de la nature même de l'État moderne de ne pas prendre en considération les situations personnelles : la règle de droit s'applique à tous. C'est une caractéristique de notre droit, de l'État moderne, des sociétés issues de la Révolution. Au Moyen Age, et encore sous l'Ancien Régime, les liens sont personnels. Les individus sont pris dans tout un réseau de rapports interindividuels : le vassal prête hommage à son suzerain, ils sont liés par une religion du serment qui les engage. Le suzerain doit à son vassal aide et protection et, en retour, le vassal lui prête assistance et conseil.

Ceci est vrai à tous les échelons de la société et définit aussi bien les rapports à l'intérieur des ordres privilégiés que les relations entre le seigneur et ses paysans. Les rapports entre le seigneur et ses paysans sont de type personnel, aux antipodes du système de relations anonymes et imper-

sonnelles qui caractériseront au xix⁰ siècle la manufacture
et le commerce, où l'argent se substituera à ces liens personnels.

La féodalité liée à la terre ignore l'argent. C'est un autre
trait. Les institutions politiques et l'ordre de la société sont
intimement imbriqués. La féodalité est liée à une économie
fondée sur la propriété et l'exploitation de la terre. Le
seigneur est un propriétaire foncier et ceux qui dépendent
de lui cultivent sa terre ou celles qu'il leur loue. Aussi la
féodalité trouve-t-elle son expression achevée dans les sociétés
où le système de relations personnelles est complété par le
servage.

Au milieu du xviii⁰ siècle, la situation de la féodalité
décline. Le servage disparaît peu à peu dans l'Europe de
l'Ouest. L'évolution économique émancipe les individus,
l'irruption de l'argent dans les rapports sociaux libère les
personnes qui peuvent se racheter ou se soustraire à l'exécution des contrats, la croissance d'une société urbaine
ébranle l'ordre féodal et en sape les bases. Au plan politique,
le renforcement d'une monarchie centralisée, au plan des
forces sociales, la montée de la bourgeoisie, réduisent
l'extension et l'influence de la féodalité. La féodalité n'en
demeure pas moins largement représentée à la surface de
l'Europe, davantage à l'Est qu'à l'Ouest, confirmant la
distinction qu'il convient de faire entre les deux Europes.

Dans l'empire russe, les boyards sont de grands propriétaires, bien que les tsars cherchent à réduire leur importance.
La politique de Pierre le Grand est typiquement antiféodale;
il crée une noblesse de fonctions pour faire pièce à cette
noblesse héréditaire et possessionnée. En Scandinavie, en
Suède, au Danemark, la noblesse représentée dans les diètes
conserve de grands pouvoirs. C'est peut-être en Pologne
que la féodalité s'est le mieux conservée, mais c'est aussi
l'une des raisons pour lesquelles elle va perdre son indépen-

dance, la féodalité n'étant pas en mesure de préserver l'intégrité d'un pays, lorsqu'elle entre en compétition avec des États modernes de forme monarchique et centralisée. En Pologne, tout le pouvoir et la richesse appartiennent à la noblesse; le roi étant élu, chaque vacance entraîne une longue crise de succession, dont la noblesse cherche à tirer parti pour accroître encore, si faire se peut, son autorité. Le pouvoir appartient aux diètes. La même institution existe en Suède, au Danemark. Les institutions représentatives, la procédure élective, la collégialité politique : autant de signes de la féodalité. Ces mêmes éléments qui nous apparaissent aujourd'hui comme le symbole de la démocratie lui sont bien antérieurs. Ce n'est pas de la Révolution que datent le recours à l'élection ou l'existence de chambres : la féodalité les avait largement pratiquées. La démocratie n'a donc fait que reprendre un héritage séculaire, mais, avec elle, le contenu et la signification des institutions ont changé du tout au tout.

Le Saint Empire germanique est peut-être l'exemple le plus caractéristique de la persistance, en plein XVIIIᵉ siècle, de l'esprit du Moyen Age et de la féodalité. Si coexistent, en effet, à l'intérieur du Saint Empire différents types d'institutions, républiques patriciennes avec les villes libres, monarchie absolue avec certaines principautés, certains royaumes et électorats, la construction globale reste inspirée de l'esprit de la féodalité. L'empereur en est le suzerain médiéval.

Plus à l'Ouest, la féodalité a cédé du terrain; progressivement affaiblie, elle ne subsiste plus que comme institution civile et sociale, non plus comme puissance politique. Dire cela, c'est énoncer en d'autres termes ce que j'exprimais en parlant de la discordance entre l'évolution économique et sociale et la survivance de l'ordre ancien; c'est saisir la même réalité mais d'un point de vue essentiellement politique. Si la féodalité a perdu ses attributions politiques, elle se maintient comme institution civile : la noblesse conserve ses privilèges, ses immunités, ses préséances (grands d'Espagne, noblesse en France). Cette aristocratie n'a pas perdu tout espoir de recouvrer les pouvoirs qu'elle a dû céder à la monarchie et, de temps à autre, se manifestent ses tentatives de reconquête. Telle est la signification de la Fronde des grands et des princes entre 1648 et 1652 que l'on peut interpréter comme un retour offensif de la féodalité tenue en lisière par Richelieu. De même, à la mort de Louis XIV, cette curieuse expérience de la polysynodie, qui vise à transférer la réalité du pouvoir de quelques ministres investis de la confiance personnelle du souverain à des conseils où siègent les représentants de la noblesse.

Cette réaction nobiliaire, dont nous avons évoqué les aspects sociaux et économiques, comporte aussi des intentions politiques. La noblesse cherche à reconquérir le pouvoir dont l'ont dépossédée la centralisation et l'absolutisme monarchiques, et l'une des clés de la crise prérévolutionnaire est le refus opposé par la noblesse aux efforts de la monarchie pour rénover la société.

La féodalité est donc déclinante, mais elle est loin d'avoir disparu et elle profite du moindre affaiblissement de la volonté royale, de tout relâchement de l'autorité monarchique, pour essayer de rétablir la situation antérieure.

Il en sera ainsi tant que l'ordre social continuera de reposer sur les ordres, les états provinciaux, fondements hérités de la féodalité. Il y a une profonde antinomie entre l'évolution des régimes politiques de l'Europe de l'Ouest vers la centralisation monarchique, et l'ordre social qui continue de se référer à des principes diamétralement opposés. C'est l'explication de quelques-unes des crises que traversent les sociétés politiques de l'Europe occidentale au XVIIIe siècle.

La féodalité ne disparaîtra pas complètement avec la destruction de l'ordre social qui lui correspond : elle survivra à la Révolution et on peut, au XIXe siècle et même au XXe, discerner ici ou là ses prolongements. Partout où se retrouvent les conditions de la féodalité, partout où subsistent ses traits consécutifs, nous avons affaire à des variantes de la féodalité. Ainsi dans les pays où l'économie demeure essentiellement terrienne, où des liens de dépendance continuent d'unir les individus, où le patronage continue de s'exercer aux Indes, en Afrique avec les chefs coutumiers, au Maroc avec les seigneurs de l'Atlas, dans le Sud des États-Unis jusqu'à l'indépendance (avec cette forme particulière que les États du Sud tiennent de l'esclavage), nous sommes en présence de sociétés que nous pouvons appeler, en rigueur de termes, féodales.

Aujourd'hui, le vocabulaire de nos luttes politiques emploie souvent ce terme de « féodalité », mais pour l'appliquer à d'autres réalités. On parle de féodalité à propos des trusts, des concentrations financières ou économiques. L'emploi est-il justifié? Est-on fondé à rapprocher la féodalité classique des sociétés terriennes, de ces monopoles que connaissent les sociétés les plus industrialisées du monde contemporain? Entre les unes et les autres, des analogies sautent aux yeux. Dans un cas comme dans l'autre, il s'agit d'oligarchies qui s'opposent à l'autorité de l'État ou tendent à le confisquer à leur profit. C'est le phénomène, bien connu des spécialistes de science politique, des groupes d'intérêts et de la pression qu'exercent ces minorités sur le pouvoir et la politique économique.

Il y a cependant entre elles une différence qui n'est pas négligeable et qui nous oblige à ne parler de féodalité qu'avec précaution : ces nouvelles féodalités ne sont pas liées à une économie de la terre mais au contraire à l'économie la plus mobilière qui soit, à l'économie financière; en outre elles ne comportent pas ces structures hiérarchisées, ces inégalités juridiques entre individus, ces liens personnels de clientèle, qui étaient autant d'éléments constitutifs de la vraie féodalité.

Ainsi, à la veille de la Révolution, la féodalité demeure une forme vivace, mais elle est combattue et même déjà condamnée, d'une part, par l'affirmation de la souveraineté de l'État sous sa forme monarchique, d'autre part, par le développement d'une société urbaine et la montée d'une bourgeoisie, dont les intérêts sont solidaires de la monarchie contre les survivances de la féodalité.

2. Les républiques patriciennes

Le second type d'institution présente avec le précédent certaines analogies qui justifieraient qu'on les réunisse sous une même accolade. Il s'agit de ces républiques urbaines qui ont fleuri dans les villes du Moyen Age et des temps modernes et où le pouvoir était détenu par une oligarchie qui n'était pas nobiliaire mais bourgeoise.

Leur domaine : la civilisation urbaine.

Situé dans le temps, ce régime est moins ancien que la féodalité, bien que l'on puisse faire remonter ses origines au XIIe ou XIIIe siècle; dans l'espace, il couvre une aire territoriale assurément plus réduite que celle de la féodalité. L'exiguïté est même un de ses caractères intrinsèques. Cette forme de régime est en effet étroitement liée au phénomène urbain qui, par définition, ne couvre que des espaces restreints, alors que le plat pays est abandonné presque sans partage à la féodalité. Elle est très précisément l'expression politique de la civilisation des villes, liée à l'activité commerciale, à la présence des foires, aux échanges à l'intérieur de l'Europe ou avec les autres continents.

Liberté, collégialité, oligarchie.

Sur le plan politique cette civilisation se traduit par un régime d'un type spécial. Sur le soubassement que dispose la géographie ou l'économie privilégiée de certains emplacements, au débouché des cols ou sur des côtes bien dessinées, surgit une forme de régime originale.

Ces villes ont de bonne heure lutté pour leur liberté; c'est le mouvement des communes, davantage dirigé contre les seigneurs du voisinage ou les évêques que contre les souverains qui sont loin et qui apportent souvent une aide aux bourgeois des villes en lutte contre la féodalité. Quelquefois, cependant, c'est bien contre des souverains que les villes doivent se défendre. C'est le cas dans l'Italie du Nord où la Ligue lombarde fédère des villes qui cherchent à préserver leur liberté de l'emprise de l'empereur. Ces villes arrachent des chartes, obtiennent des franchises, des libertés. Ces textes règlent dorénavant relations extérieures et gouvernement interne.

Toutes ces républiques ont en commun de se gouverner librement : c'est ce que signifie à l'époque le terme de république qui n'est pas synonyme de démocratie. C'est au XIXᵉ siècle que les deux notions se réconcilieront peu à peu. Ces deux notions sont presque antinomiques : les démocraties sont alors plutôt de type autoritaire et dictatorial et les républiques sont libérales et oligarchiques.

Le pouvoir y est détenu par une minorité. Il est généralement collégial — ce qui concourt à le différencier des régimes de type monarchique, et son origine est généralement élective. Le patriciat, qui s'acquiert en acquittant des droits ou par une collation juridique, désigne en son sein des notables qui constituent le gouvernement collégial souvent appelé « le magistrat ». L'expression ne désigne pas un individu, mais une entité collective. Ainsi un patriciat détient le pouvoir, le petit peuple étant maintenu dans la dépendance.

Cette forme de gouvernement s'est étendue à des ensembles territoriaux plus vastes : elle n'est pas restée le monopole des villes fortes retranchées derrière leurs murs. Dans l'Europe d'Ancien Régime, on relève au moins deux exemples d'ensembles géographiques assez étendus à avoir adopté des formes politiques parentes : les Provinces-Unies et les cantons suisses, qui sont 13 au XVIIIe siècle. Les institutions fédératives des Provinces-Unies et des cantons suisses présentent des ressemblances avec celles des villes de l'Empire ou de l'Italie. Très décentralisés, ce sont plus, pour reprendre une distinction postérieure à l'Ancien Régime, des confédérations que des fédérations : les liens demeurent assez lâches. Provinces et cantons se sont associés contre des ennemis extérieurs, pour défendre leur indépendance, mais avec le souci de préserver jalousement leur autonomie : l'histoire des cantons suisses aussi bien que des Provinces-Unies est, dans une large mesure, l'histoire de leurs rivalités intestines.

Il faut cependant noter que dans ces deux pays se dessine au XVIIe et au XVIIIe siècle, une tendance à resserrer les liens; on en voit l'esquisse dans le courant unitaire qui recrute plutôt dans le petit peuple tenu à l'écart de la vie politique par la bourgeoisie et qui met sa confiance dans l'instauration d'un pouvoir autoritaire et monarchique; aux Provinces-Unies, c'est le mouvement orangiste qui veut établir une monarchie au bénéfice des descendants de Guillaume d'Orange. On saisit sur le vif les affinités entre monarchie et mouvements populaires.

Leur situation au XVIIIe *siècle.*

Ces républiques ont perdu beaucoup de leur éclat et de leur puissance, pour diverses raisons dont la convergence rappelle celles qui entraînaient le déclin de la féodalité. Comme la féodalité, la république patricienne est un régime condamné à terme et déjà battu en brèche par l'évolution de l'économie, de la société et des esprits.

Ces républiques qui furent jadis prospères et très riches, qui furent même les pôles de l'activité économique de l'Europe médiévale et moderne, sont entrées en décadence. Elles ne sont plus à l'échelle de l'économie moderne. Elles s'adaptent mal au mercantilisme et sont progressivement exclues du commerce avec les colonies par la croissance des grands États modernes, la France, l'Angleterre.

Parallèlement à cette décadence économique, elles sont touchées par le déclin politique. Elles sont aux prises avec d'autres formes de régimes, plus modernes et mieux armés pour la compétition, en butte aux convoitises des États monarchiques qui rêvent de les absorber. C'est le cas, par exemple, de Strasbourg que le royaume de France annexe en 1681 (politique dite des réunions). Quand ces villes font partie d'un ensemble politique, par exemple les villes libres de l'Empire — au XVIIIe siècle, on en compte encore une cinquantaine —, le pouvoir central cherche à amoindrir leurs franchises.

La plupart disparaîtront dans la tourmente révolutionnaire. Certaines se donneront librement (c'est le cas de Mulhouse qui entre dans l'unité française); ou bien, elles seront absorbées par application du système copartageant. Le cas le plus fameux est celui de Venise que le traité de Campo Formio (1797), négocié entre Bonaparte pour la République française et l'empereur, abandonne purement et simplement à l'Autriche et qui se trouve désormais incorporée dans les États patrimoniaux des Habsbourg. C'est l'origine du royaume lombard-vénitien et d'une longue période de sujétion dont Venise ne sortira qu'en 1866 par son rattachement à l'Italie unifiée. De même, Gênes sera annexée au royaume de Piémont-Sardaigne. Le recès de 1803 qui opère une redistribution territoriale de l'Empire fait passer de vie à trépas la plupart des villes libres de l'Empire et les traités de 1815 consacreront leur disparition.

En butte aux ambitions des États monarchiques, emportées dans les remous de la tourmente révolutionnaire, ces villes libres et ces républiques sont en outre en contradiction avec l'aspiration unitaire qui va prédominer au XIXᵉ siècle. Le nationalisme moderne pousse à la formation de grands États, Italie, Allemagne, et la survivance de ces villes libres est incompatible avec de grands ensembles territoriaux.

Cependant ces villes auront, au XXᵉ siècle, une postérité attardée; mais ce sont ordinairement des créations artificielles, dictées par des considérations purement diplomatiques. C'est la création, au lendemain de la Première Guerre mondiale, de la ville libre de Dantzig, et après 1945, celle de Trieste. Dans un cas comme dans l'autre, il s'agissait de neutraliser des prétentions rivales, en détachant les villes contestées; mais ces solutions sont précaires, l'une et l'autre disparaîtront. Pourtant, il convient de souligner que deux de ces villes, Brême et Hambourg, subsistent sous la forme de *Länder* en République fédérale d'Allemagne, le régime fédéral adopté respectant les particularismes locaux, provinciaux ou urbains. Mais, dans l'ensemble, cette forme de régime a pratiquement disparu de notre Europe.

3. La monarchie absolue et administrative

Prédominance de la monarchie.

Au XVIIIᵉ siècle, féodalité et république patriciennes sont donc des formes résiduelles, qui ne couvrent plus qu'une superficie réduite de l'Europe. Ces formes disparaissent parce qu'elles sont en contradiction avec la poussée générale de la société, avec l'évolution de l'économie, de l'administration et du mouvement des esprits. L'évolution travaille en faveur du régime monarchique qui est, déjà, le régime le plus répandu; en plusieurs pays il se superpose à ce qui demeure de la féodalité ou aux vestiges de républiques patriciennes. On ne schématiserait guère en disant que la forme normale de l'Ancien Régime politique au XVIIIᵉ siècle, c'est la monarchie. De là l'équation si souvent posée en axiome que l'Ancien Régime c'est la monarchie. Cette équation reçoit une confirmation supplémentaire de ce que la Révolution qui va faire table rase de l'Ancien Régime est essentiellement dirigée contre la monarchie. Pourtant cette équation n'est que grossièrement vraie, puisque d'autres types de régimes subsistent mais surtout parce que l'appellation de monarchie recouvre une assez grande diversité de formes. Nous retrouvons là, à un autre niveau, cette constatation de la pluralité des expériences.

L'Europe connaît des monarchies de toutes tailles : la disparité entre États est plus encore accusée qu'aujourd'hui. De nos jours, la plupart des États européens sont d'un ordre de grandeur comparable, alors que l'Europe du XVIIIᵉ siècle juxtapose, à côté de quantité de minuscules principautés, dont ne subsistent guère aujourd'hui que

Monaco ou le Liechtenstein, de très vastes royaumes. D'autre part, les degrés dans l'autorité sont très inégaux : dans certains pays, le pouvoir est illimité, dans d'autres, il doit composer avec une multiplicité d'adversaires ou de partenaires.

Il est cependant possible de ramener cette variété de formes monarchiques à trois types : la monarchie absolue, le despotisme éclairé et la monarchie britannique, qui sont comme autant d'espèces d'un même genre.

Ces formes ne sont pas fixes et elles évoluent d'autant plus aisément qu'elles ne sont pas définies par des textes. L'Europe n'a pas encore imaginé de fixer par des constitutions l'organisation du pouvoir et les relations entre les organes lorsqu'ils sont plusieurs; le fonctionnement des pouvoirs n'étant consigné dans aucun texte auquel chacun puisse se référer, la marge de manœuvre est grande.

Fort ancienne dans son essence — le pouvoir d'un seul —, l'institution monarchique se distingue par ce trait des autres formes de régimes caractérisées par la pluralité qui réside pour la féodalité dans le morcellement de l'autorité, pour les républiques patriciennes dans les exécutifs collégiaux. L'institution monarchique se définit donc par l'unicité du souverain et par le pouvoir personnel.

Modernité de la monarchie absolue.

Si la monarchie a derrière elle des siècles d'histoire, sous sa forme absolue elle est récente et le despotisme éclairé davantage encore. C'est une constatation fondamentale qui mérite explication.

En quoi la monarchie absolue se distingue-t-elle de la monarchie tout court? Qu'est-ce que l'absolutisme ajoute au caractère monarchique du régime?

Absolutisme n'est pas synonyme d'arbitraire. Ce que

les philosophes ou les politiques appellent arbitraire au XVIIIᵉ siècle est le despotisme dont ils trouvent l'exemple dans l'Empire ottoman où le bon plaisir du sultan, qui n'est contenu par aucune morale, ni aucune loi fondamentale, est la seule règle. Il n'en est pas de même dans les monarchies absolues de l'Europe de l'Ouest. L'absolutisme consiste en un pouvoir qui n'est pas partagé et réside tout entier dans la personne du roi. Son caractère personnel est ce que les sociologues politiques appellent aujourd'hui la personnalisation du pouvoir. La souveraineté est absolue dans tous les ordres, à l'intérieur aussi bien qu'à l'extérieur; tel est le sens de la formule fameuse « le roi est empereur en son royaume ». C'est la répudiation de la vieille conception médiévale qui admettait qu'au-dessus d'un roi il puisse y avoir un suzerain. Le roi ne reconnaît ni autorité ni suzeraineté, pas même celle du pape, si bien que le roi de France est indépendant à l'égard du Saint-Siège (le gallicanisme est une composante de cette conception de la monarchie absolue). Sa souveraineté est absolue à l'intérieur aussi où le roi est obéi de tous, où tout lui est subordonné.

Telle est la conception qui préside à la notion de la monarchie absolue. La réalité ne s'y conforme que dans une certaine mesure; elle s'en rapproche. C'est au terme d'un processus de plusieurs siècles que la monarchie absolue a réussi à se dégager des entraves de la féodalité et à imposer son autorité souveraine. L'instauration de l'absolutisme monarchique est l'aboutissement d'une longue évolution, la résultante de plusieurs facteurs.

Quatre facteurs peuvent être retenus qui travaillent en faveur de l'absolutisme.

1. L'évolution des idées. Depuis plusieurs siècles tout un mouvement a remis en honneur l'idée de l'État. Depuis le renouveau du droit romain, on a retrouvé l'importance de cette notion et, du même coup, justifié les prétentions

du pouvoir royal à l'absolutisme. A cette légitimation juridique s'en ajoute une autre, théologique, qui présente la monarchie absolue comme l'expression la plus accomplie de l'autorité déléguée par Dieu. C'est en ce sens que l'on parle de monarchie de droit divin.

2. Le mouvement des juristes et des théologiens en faveur de l'autorité monarchique est renforcé par une partie de l'opinion, la bourgeoisie des villes entre autres, qui, depuis longtemps aux prises avec l'autorité épiscopale ou seigneuriale, se tourne naturellement vers le roi protecteur dont la tutelle lointaine est moins pesante que celle des adversaires proches. Monarchie et bourgeoisie sont alliées contre les féodalités civile et ecclésiastique. Le développement de l'autorité royale représente en effet une protection contre l'arbitraire de la féodalité, une garantie d'ordre contre l'insécurité (il suffit de se rappeler les Grands Jours d'Auvergne en plein cœur du xviie siècle où les hommes du roi châtient le brigandage des seigneurs) et enfin un facteur de progrès, car l'action de l'administration s'exerce en faveur du développement, que nous qualifierions aujourd'hui d'économique et social. La monarchie est donc assurée de compter parmi ses sujets des sympathies et des alliés.

3. Les transformations de la société jouent à l'avantage de l'autorité royale. Si la seigneurie et la ville libre ne sont plus à l'échelle des temps modernes, la monarchie apporte une réponse adéquate aux problèmes qui surgissent de l'évolution générale. Avec une armée permanente, une administration qui se développe continûment du xvie au xviiie siècle, se perfectionne et étend le domaine de son action : on peut penser que la monarchie absolue est la forme moderne de l'État, la modalité du gouvernement la mieux adaptée aux exigences du temps.

4. Grâce à l'action persévérante du souverain et de ses serviteurs, gens du roi, légistes, officiers, se constitue peu à

peu une administration qui donne à la monarchie les moyens de ses ambitions, empiète sur les franchises, rognant les privilèges, battant en brèche tout ce qui porte ombrage à l'autorité du roi — féodalité séculière et ecclésiastique — et s'y substitue peu à peu. Sans l'action méthodique de ces officiers travaillant à étendre les prérogatives de la couronne, l'action des quelques légistes élaborant une philosophie de la monarchie aurait été une contribution intéressante à l'histoire des idées, mais sans conséquence pratique. Sans cette administration dont l'histoire est étroitement liée à l'histoire politique, il n'y aurait pas eu de monarchie absolue. C'est elle qui fait toute la différence entre les monarchies absolues et celles qui ne le sont pas même si elles y prétendent. Avec le démembrement de la vieille *curia regis*, l'apparition des parlements, des intendants, le développement des bureaux qui assistent les intendants dans leurs tâches administratives, une correspondance régulière entre les bureaux et les agents, la monarchie absolue se donne une forme moderne de gouvernement parce que la plus rationnelle et celle qui atteint le plus haut degré d'efficacité.

Les limites de fait à l'absolutisme.

Il faut, de nouveau, distinguer entre la doctrine et la pratique. Si, dans les esprits, la notion de souveraineté est absolue et ne tolère guère de limites à l'autorité royale, la pratique en est loin : elle ne présente avec l'absolutisme monarchique qu'une réalité approchée.

1. L'absolutisme se superpose aux autres formes politiques. La souveraineté monarchique n'a pas encore réussi à faire table rase des vestiges de la féodalité, à réduire à néant les libertés des villes. Le pouvoir du roi doit composer avec ces survivances promptes à revivre puisqu'il suffit d'une crise de succession, d'une régence, pour que les grands

tentent de recouvrer pouvoir et influence : la Fronde n'est pas si loin. Tocqueville, dans *l'Ancien Régime et la Révolution*, démontre lumineusement que la Révolution prolonge directement l'œuvre des souverains absolus. Ce qu'aucun d'entre eux n'avait pu mener à bien, les assemblées révolutionnaires, en faisant table rase de tous les particularismes et de l'ordre social traditionnel, l'accompliront.

2. En second lieu, le souverain, tout absolu qu'il soit, ne jouit pas de toutes les facilités pratiques que le progrès technique met à la disposition des gouvernements contemporains. L'empire napoléonien, les régimes autoritaires du XXe siècle auront un pouvoir infiniment supérieur à celui des monarques réputés absolus de l'Ancien Régime qui ne disposent que d'une administration encore très inadéquate, en dépit de ses progrès et de son renforcement. Ses moyens sont encore limités, les services qu'elle peut rendre, réduits et précaires.

3. A ceci s'ajoute que la plupart des souverains ne sont même pas sûrs de leurs agents. Pour disposer d'agents d'exécution fidèles et dociles, les rois de France ont dû créer à plusieurs reprises un personnel nouveau, d'abord les baillis et sénéchaux, puis les officiers, enfin les intendants. Mais ce renouvellement de personnel devient inefficace puisque, pour s'assurer des ressources, la monarchie doit vendre les charges; propriétaires de leur charge, les fonctionnaires s'émancipent. Pour recouvrer sur eux son autorité, la monarchie devrait racheter ces charges, mesure que l'état des finances royales rend illusoire.

4. Enfin, comme nous venons de l'évoquer, les finances de la monarchie sont mauvaises en raison, d'une part, de l'absence d'une administration responsable de l'établissement et du recouvrement de l'impôt qui oblige donc à recourir aux services des fermiers, d'autre part, de l'organisation sociale inégale et hiérarchique héritée du Moyen

Age qui réduit l'assiette fiscale et prive la monarchie de revenus substantiels en distinguant les ordres privilégiés, exempts d'impôts, et le tiers état qui y est astreint. Ainsi le maintien de l'ordre traditionnel, loin d'être profitable à la monarchie, est contraire aux intérêts véritables du régime. La logique serait donc d'abolir les privilèges puisque c'est sur une société égalitaire que le roi pourrait régner avec le plus d'autorité.

État de la société, crise financière, structures de l'administration, pouvoir royal sont donc interdépendants. C'est la conjonction de toutes ces causes qui fait que l'absolutisme monarchique est souvent davantage une prétention qu'une réalité effective. Au XVIIIᵉ siècle, la monarchie absolue n'a pas encore réussi à surmonter la contradiction interne entre un ordre social inégalitaire et la logique de l'évolution politique.

L'administration affaiblit le caractère personnel.

Dans le même temps, le développement de l'administration et le renforcement des bureaux ont pour conséquence d'altérer un trait longtemps fondamental de la monarchie : son caractère personnel.

L'essence même de la monarchie réside dans la concentration du pouvoir entre les mains d'un seul, un souverain aimé pour lui-même. Le caractère personnel est bien antérieur à l'absolutisme et à l'administration : le développement de l'absolutisme et l'extension de l'administration l'effacent progressivement. A mesure que s'établit un réseau d'institutions par lesquelles passe la décision royale, un autre type de rapports, impersonnels et anonymes, s'établit entre les sujets et le souverain : il n'y a plus entre les nobles ou les bourgeois et le monarque ces liens affectifs qui, jusqu'à Henri IV, ont uni les sujets à leur roi, mais désormais des rapports juridiques et administratifs. Cette évolution porte en germe la ruine de l'idée monarchique dans l'esprit et le cœur des peuples, car ce n'est plus qu'un régime, une forme anonyme et juridique,' et non plus une personne ou un principe.

Le règne de Louis XIV a représenté un point d'équilibre où le tour personnel et le caractère administratif sont encore associés mais commencent déjà à se défaire; au XVIII° siècle la divergence s'accentue. C'est un élément de faiblesse qui explique la relative facilité avec laquelle la monarchie s'effondrera et le sentiment monarchique s'appauvrira.

4. Le despotisme éclairé

L'expression de despotisme éclairé n'est pas contemporaine des événements. Elle a été forgée après coup par des historiens qui ont étudié les régimes de l'Europe centrale et orientale; mais elle est aujourd'hui reçue universellement et elle a l'avantage de caractériser quelques-uns des traits les plus fondamentaux de cette forme de régime.

Analogies avec la monarchie absolue.

Dans ce régime monarchique personnel, les despotes éclairés s'évertuent à renforcer leur autorité propre, et se heurtent aux mêmes obstacles que les monarques absolus. L'autorité de la tsarine Catherine II ou de l'empereur Joseph II se développe, comme celle de Philippe II ou de Louis XIV, au détriment de la féodalité, de l'Église, des particularismes provinciaux. Les progrès du despotisme éclairé se mesurent à la réduction des privilèges. Les despotes usent du pouvoir, comme faisaient les monarques absolus, pour rationaliser le gouvernement, unifier leurs peuples et leurs territoires, en imposant l'allemand dans les États des Habsbourg par exemple, en établissant des codes, des institutions communes. La même notion de l'État souverain inspire leur action, une administration comparable à celle de l'Espagne ou de la France la sert.

Ainsi, non seulement il y a analogie, mais encore parenté avouée et imitation délibérée d'un modèle qu'ils cherchent à reproduire et ils calquent leur pratique et leurs institutions sur celles de la monarchie absolue.

Traits distinctifs.

Par rapport à la description générale de la monarchie absolue, les régimes de despotisme éclairé présentent quelques traits distinctifs, qui tiennent souvent aux circonstances, mais qui suffisent à leur assigner une place à part dans la galerie des régimes du xviii⁰ siècle. Ils doivent leur originalité au fait qu'ils sont apparus plus tard que les monarchies absolues et ont surgi ailleurs.

La monarchie absolue se dessine dès le début des temps modernes. C'est en Espagne que, pour la première fois, elle prend sa physionomie caractéristique sous le règne de Philippe II, dans la seconde moitié du xvi⁰ siècle; au même moment, Élisabeth n'est pas loin d'établir un régime absolu en Angleterre. En France, c'est seulement au xvii⁰ siècle que la monarchie devient absolue avec le ministériat de Richelieu, puis de Mazarin et surtout le gouvernement personnel de Louis XIV. Ainsi c'est au xvi⁰ et au xvii⁰ siècle que la monarchie absolue s'est constituée.

Le despotisme éclairé date, lui, du xviii⁰ siècle et même plutôt de la seconde moitié que de la première. Une coïncidence fortuite fait que la plupart des souverains dits éclairés portent des numéros II : Catherine II, Joseph II, Frédéric II. Or, le règne de la plupart d'entre eux débute aux alentours du milieu du siècle. C'est en 1740 que Frédéric II de Prusse succède à son père, en 1760 que Catherine II monte sur le trône de Russie et à partir de 1780 que Joseph II, après la mort de sa mère Marie-Thérèse, règne seul. Il y a donc entre l'apparition de la monarchie absolue et celle du despotisme éclairé un décalage chronologique d'au moins un siècle à un siècle et demi.

La seconde différence a trait non plus à la chronologie mais à la géographie. En effet, si le lieu d'élection de la monarchie absolue est l'Europe occidentale avec la France, l'Espagne et l'Angleterre, le despotisme éclairé est localisé à l'est de l'Europe avec la Prusse, l'Autriche et la Russie. Nous constatons la même dualité des deux Europes que nous avions déjà observée à propos de la colonisation, de l'ordre social, de la présence ou l'absence de bourgeoisie, de la prédominance d'une société urbaine et de l'activité commerciale. Voilà qui confirme notre présomption des corrélations entre activité économique, organisation des rapports et forme des régimes.

Du reste, cette dualité se prolongera au-delà de l'Ancien Régime. La Révolution a laissé des traces plus durables à l'ouest de l'Europe qu'à l'est. Quand on dresse la chronologie du libéralisme ou de la démocratie, on est constamment renvoyé à cette constatation du décalage de l'Est par rapport à l'Ouest. Aujourd'hui même, il n'est pas déraisonnable de penser que cette dualité se retrouve transposée dans l'affrontement de deux systèmes de gouvernements; le conflit qui oppose les démocraties de type pluraliste aux démocraties populaires n'est que le dernier avatar d'une histoire qui, depuis des siècles, a dissocié l'évolution des deux Europes. La signification historique du despotisme éclairé se dégage mieux de cette constatation. Sa fonction fut de permettre à ces pays de rattraper le retard pris par rapport à la monarchie absolue et d'entreprendre, ou de hâter leur modernisation.

Le fait que le despotisme éclairé soit apparu plus tard et ailleurs que la monarchie absolue a entraîné des conséquences sur la forme même du régime.

Né plus tard, le despotisme éclairé subit la contagion de l'esprit du siècle; il est donc, dans sa présentation, plus moderne que la monarchie absolue. Par conviction sincère mais aussi par prudence et habileté, les despotes font des concessions au goût et au vocabulaire du temps; en soignant leur propagande par l'intermédiaire des écrivains et des publicistes, ils flattent l'opinion et se gagnent la sympathie d'une Europe où les philosophes commencent de faire la loi.

Cette expérience dont profitent les despotes éclairés entraîne des effets jusqu'aux fondements du régime. En effet, si la monarchie absolue puisait ses sources, d'une part, dans la notion romaine de l'État, et d'autre part, dans une théologie de la monarchie de droit divin, le fondement religieux est devenu anachronique et le despotisme éclairé se garde bien de s'y référer. C'est au mouvement des lumières qu'il emprunte sa justification. Il se légitime par le désir de faire le bonheur du peuple, par les intentions philanthropiques maintenant affichées.

Le XVIIIe siècle est déjà un siècle laïcisé, sécularisé. Il faut préciser que cette partie de l'Europe n'est pas catholique. La comparaison entre monarchie absolue et despotisme éclairé montre l'évolution des rapports entre politique et religion. Le despotisme éclairé est une version sécularisée de la monarchie absolue. C'est une étape dans le grand mouvement qui va dénouer les liens entre les Églises et les souverains. Même en Europe occidentale, la sorte de mariage mystique qui unissait la couronne et l'Église s'est transformée en un mariage de raison. Dans les pays où règne le despotisme éclairé, ce stade est même dépassé et il s'agit davantage d'une alliance d'intérêts que d'une symbiose de pensées et de sentiments.

Le modernisme du despotisme éclairé se marque aussi par sa rationalité. Le XVIIIe siècle est le siècle où la raison entreprend l'examen critique de toutes les croyances. Si le despotisme éclairé, dans son inspiration et dans ses fins, est rationaliste, il ne l'est pas moins dans les objectifs qu'il se fixe. Il vise à instaurer un ordre rationnel : la simplification, l'uniformisation, la codification qui caractérisent son activité, se rattachent à ce grand dessein de rationalité où la puissance de l'État trouve son compte. La simplification élimine les rivaux, l'uniformisation facilite l'action des pouvoirs publics, renforce son autorité. C'est par là que le despotisme éclairé peut s'apparenter à certains aspects de l'œuvre de la Révolution. Les despotes éclairés à l'Est, la Révolution à l'Ouest ont travaillé dans le même sens à substituer la raison à la tradition.

La localisation dans l'espace a pour seconde conséquence le fait que le despotisme éclairé a trouvé à l'est de l'Europe une économie arriérée, une absence de capitaux, pas ou peu de bourgeoisie, une instruction encore très restreinte, des conditions moins favorables que les souverains absolus du XVIe ou du XVIIe siècle. L'État est donc obligé de tout faire par lui-même et de se substituer à l'initiative privée. Ainsi en Russie, c'est la couronne qui met en valeur les mines de l'Oural, faute d'un capitalisme en mesure de le faire. Le despotisme éclairé se caractérise donc par des pratiques interventionnistes qui fondent, quand elle n'existait pas déjà, une tradition autoritaire qui se perpétuera jusqu'au XXe siècle.

La postérité du despotisme éclairé.

En effet, entendu au sens large, et non plus limité à un

domaine dans le temps et dans l'espace, le despotisme éclairé survivra, bien qu'il perde quelques-uns de ses traits les plus circonstanciels — en s'abstenant, par exemple, de faire référence au vocabulaire des philosophes, aux idées du XVIIIe siècle et même parfois en se passant de monarque —, mais il demeurera en tant que conception et gouvernement. On peut légitimement, à mon sens, rattacher au despotisme éclairé tous les régimes qui, au XIXe et au XXe siècle, se proposent de transformer les structures de la société par voie autoritaire.

Toutes les fois que nous sommes en présence d'un réformisme par le haut, nous avons vraisemblablement affaire à la postérité du despotisme éclairé. Tous les régimes, tous les gouvernements qui entreprennent la refonte des structures, que ce soit pour développer la puissance de l'État, ou pour faire le bonheur de leurs sujets, ou encore pour les deux motifs à la fois, car ils ne sont pas nécessairement contradictoires, se rattachent, de près ou de loin, à la tradition du despotisme éclairé. Si les réformes sont faites sans que soient consultés les intéressés, nous retrouvons la même conjonction d'action autoritaire et d'intention rationaliste.

C'est le cas, d'abord, des pays qui constituaient le domaine du despotisme éclairé au XVIIIe siècle, et singulièrement la Russie. Les tsars réformateurs du XIXe siècle qui procèdent par oukase sont les héritiers légitimes de Pierre le Grand et de Catherine II : l'abolition du servage décrétée par Alexandre II en 1861 est dans la ligne des réformes de la grande Catherine, et on peut se demander si le gouvernement de Staline, qui représente une des formes de pouvoir les plus concentrées, les plus autoritaires que le monde ait connues, mise au service d'un programme de réforme, n'était pas le dernier avatar de cette tradition russe du despotisme éclairé. En Allemagne également existe une tradition d'initiative réformatrice qui survivra à Frédéric II, avec Bismarck centralisateur, initiateur d'une politique économique, faisant voter une législation sociale en avance sur son temps.

On pourrait même avancer que des pays qui, au XVIIIᵉ siècle, n'entraient pas dans la sphère du despotisme éclairé ont été gagnés par le mouvement au XIXᵉ et au XXᵉ siècle. C'est le cas de la France par exemple où le régime napoléonien et le second Empire s'apparentent par plus d'un trait au despotisme éclairé. Pourtant les deux Napoléon tiennent leur pouvoir du peuple et prennent soin de faire confirmer leur légitimité par consultation populaire. Mais mise à part cette référence explicite à la souveraineté populaire, en ce qui concerne programme et méthodes, les analogies sont réelles.

En prolongeant jusqu'à aujourd'hui et en élargissant le cercle au-delà de l'Europe, il est permis de tenir pour des variantes du despotisme éclairé un certain nombre de régimes fort éloignés de son berceau originel, qui président aux destinées de pays en voie de développement. La Turquie d'Ataturk, l'Égypte de Nasser, tels régimes de l'Amérique latine font partie de la famille du despotisme éclairé. Les mêmes conditions déterminantes y sont réunies avec la volonté de transformation — un régime purement conservateur n'est pas un régime de despotisme éclairé —, et l'œuvre de modernisation entreprise sans consultation des intéressés et par voie d'autorité. Si le Proche-Orient, la Turquie et l'Égypte, si l'Amérique latine, si certains pays d'Asie ou d'Afrique connaissent aujourd'hui des régimes que nous pouvons rattacher à la filiation du despotisme éclairé, c'est que les pays en question se trouvent aux prises avec les mêmes problèmes que ceux de l'Europe orientale et centrale au XVIIIᵉ siècle. Dans un cas comme dans l'autre, on a affaire à des économies arriérées, des sociétés peu différenciées, sans capitaux, sans cadres techniques, sans bourgeoisie cultivée et force est bien aux pouvoirs publics de se substituer aux initiatives absentes.

Même en abolissant la monarchie comme en Égypte (1952), même en se réclamant du socialisme, ces régimes ne s'en apparentent pas moins au despotisme éclairé. En se réclamant aujourd'hui du socialisme, la plupart des régimes africains ou asiatiques ne font en somme, pour notre siècle, que se conformer à l'exemple donné par les despotes éclairés du XVIIIe siècle, telle Catherine II ou Frédéric II se référant aux philosophes du temps, au mouvement des lumières; en se réclamant du socialisme, Boumediène ou les dictateurs du Moyen-Orient sacrifient eux aussi à la mode et aux idéologies dominantes.

Ce parallélisme est une preuve de plus de la parenté des régimes et nous montre que les formes que nous recensons à la veille de la Révolution ont pu survivre aux bouleversements révolutionnaires. L'analyse du despotisme éclairé au XVIIIe siècle projette sur nombre de régimes contemporains une lumière qui aide à en saisir la finalité et à en découvrir la fonction sociale.

5. Le régime britannique

Monarchie absolue sous Élisabeth, ou régime de type aristocratique si l'on prend en considération le pouvoir du Parlement, le régime britannique nécessite une étude spéciale dans la mesure où les développements ultérieurs de sa politique interdisent de l'assimiler à tel ou tel des régimes précédemment étudiés.

Au XVIIIe siècle, ce régime n'a pas encore pris son visage définitif. Jusque vers 1840 il adviendra que se maintiennent des cabinets mis en minorité par le Parlement et ce n'est qu'au début du règne de Victoria, par exemple, que la responsabilité du Cabinet devant le Parlement est irrévocablement consacrée; aujourd'hui, nous tenons ce principe de la responsabilité pour une des dispositions maîtresses du régime britannique. Le régime se cherche avant de trouver sa forme achevée. Il évolue d'autant plus lentement qu'il n'a pas de constitution et la part de la coutume est d'autant plus grande que les textes sont peu nombreux.

La Grande-Bretagne offre sans doute le meilleur exemple de l'adaptation progressive d'institutions à l'expérience. La Grande-Bretagne où la révolution n'est pas considérée comme le seul procédé possible de changement présente le cas d'une adaptation souple et graduelle, avec cependant des réserves, puisque, au XVIIᵉ et au XVIIIᵉ siècle, elle a connu ses poussées de violence. Au XVIIᵉ siècle, elle apparaît même comme la terre des révolutions, par opposition à la France.

Élisabeth resta des années sans convoquer le Parlement, son successeur Jacques Iᵉʳ fait de la monarchie absolue la théorie, et Charles Iᵉʳ continue dans la même voie. Mais cette évolution s'interrompt brusquement par une sorte d'accident historique étrange. Jacques Iᵉʳ, Charles Iᵉʳ, au début de leur règne, étaient peut-être davantage obéis que Henri IV et Louis XIII aux premières années de leur règne, quand intervient la crise révolutionnaire, le procès du roi, son exécution, 20 années de troubles, le gouvernement de Cromwell qui est, avant la lettre, une expérience de despotisme éclairé, bien que les lumières auxquelles cette dictature emprunte sa philosophie, soient le puritanisme et non pas la philosophie du XVIIIᵉ siècle. Puis c'est la Restauration et le retour de Charles II et on pourrait croire que se renoue le fil rompu quand éclate le second accident révolutionnaire avec la révolution de 1688 qui opère un changement dans l'ordre dynastique, mais surtout ruine définitivement l'absolutisme monarchique en Grande-Bretagne. Les esprits libéraux salueront la « glorieuse révolution » de 1688 dont Locke fait la théorie. Dès lors, la Grande-Bretagne s'engage dans une voie nouvelle qu'elle va explorer pour son compte et aussi pour celui de beaucoup de pays.

Ses caractéristiques.

Même si, en 1750 ou 1780, ce régime n'a pas encore pris sa physionomie définitive, on voit déjà se dessiner les orientations maîtresses de ce qui sera le parlementarisme britannique.

C'est une monarchie héréditaire et le changement de branche, le remplacement des Stuart par la dynastie d'Orange, puis des Hanovre n'a en rien porté atteinte au principe dynastique.

Cette monarchie n'est pas absolue, bien au contraire, et au xviiie siècle, on ne sait si elle va innover ou revenir à un régime antérieur à l'absolutisme, c'est-à-dire à un mélange d'aristocratie et de royauté.

Dans l'Angleterre du xviiie siècle, une aristocratie puissante et honorée qui jouit du respect et de la considération générale, détient l'essentiel de la puissance, le monopole de l'administration locale, les pouvoirs de police, de justice; ce qu'on appelle les *justices of peace* lui appartient héréditairement. L'Angleterre qui ne connaît pas l'équivalent de la centralisation administrative française n'a pas de bureaucratie relevant de Londres, et le ministère de l'Intérieur sera un des derniers départements ministériels à voir le jour en Angleterre. Tout ceci inclinerait à rattacher le régime britannique au premier des types que nous avons passés en revue.

Pourtant cette aristocratie n'est pas une féodalité turbulente comme celle du continent. Ses origines la rendent aussi différente : alors que l'aristocratie du continent tend à se restreindre à la noblesse de race, militaire et possessionnée, l'aristocratie anglaise dont les vieilles maisons féodales ont à peu près totalement disparu dans les guerres civiles (guerre des Deux Roses, guerres de religion) est relativement récente. Ouverte à la fortune et au talent, elle ne forme pas une caste comme sur le continent et sa puissance n'a pas la même signification politique et sociale que celle de la féodalité de l'Europe centrale ni même occidentale. Loin d'être écartée de l'exercice du pouvoir par une monarchie absolue, elle y est associée grâce à sa représentation au sein du Parlement et l'existence de cette institution représentative permanente est l'une des dispositions les plus originales du régime britannique.

Ainsi la monarchie est limitée, non pas, comme sur le continent, par la turbulence intermittente de vassaux indociles, mais par l'existence d'une assemblée régulière tenant des sessions périodiques, un Parlement aux attributions déjà étendues. On ne peut pourtant parler déjà de régime parlementaire qu'avec précaution. La dénomination de régime parlementaire est en effet équivoque puisqu'elle peut désigner deux réalités assez dissemblables, bien qu'issues d'un noyau commun. Aujourd'hui, par régime parlementaire, nous entendons un régime où l'exécutif est responsable devant le Parlement qui en retirant sa confiance aux ministres peut à tout moment les destituer. Or, dans l'Angleterre du XVIIIe siècle, cette responsabilité n'est pas encore reconnue comme une règle impérative. Pourtant si, en élargissant la définition, nous entendons régime parlementaire quand il y a représentation, on peut déjà parler d'un régime parlementaire. De fait un partage des pouvoirs est établi depuis la révolution de 1688 et la déclaration des droits de 1689 entre la Couronne et le Parlement. Le roi est obligé de compter avec le Parlement dont il doit obtenir le consentement pour le vote des impôts et la levée des troupes.

La troisième originalité du régime tient au Cabinet qui occupe une position intermédiaire aux côtés de la Couronne avec ses prérogatives et du Parlement avec ses attributions. Certes, on rencontre sur le continent, en France, en Espagne, en Russie, en Prusse, un Cabinet, des ministres, des conseils, mais son pouvoir et ses attributions sont tout différents puisque les ministres du roi d'Espagne ou de France ne sont que des exécutants, choisis par le roi, ne dépendant que de lui, n'ayant de comptes à rendre qu'à lui. Le souverain prend conseil, mais il n'est pas lié par leur avis et peut fort bien passer outre. Au contraire, le Cabinet britannique est relativement indépendant du roi. A Versailles, le roi siège en son conseil. A Londres, le Cabinet délibère hors de sa présence et jouit de ce fait d'une plus large autonomie. Si le Cabinet a besoin de la confiance du souverain, celle du Parlement ne lui est pas moins nécessaire pour obtenir le vote du budget et les moyens de son action.

L'existence d'un parlement et celle d'un cabinet autonome sont les deux traits essentiels du régime britannique et constituent son originalité par rapport à tous ceux que nous avons passés en revue.

A côté des institutions et en marge des organes institutionnels, la vie politique présente aussi d'autres traits originaux, notamment l'existence de partis. C'est en Angleterre que surgit, pour la première fois, ce phénomène qui tiendra une telle place dans le fonctionnement des régimes politiques. Le Parlement, surtout la Chambre basse, et le corps politique se partagent entre une majorité et une minorité. Relativement stables dans leurs combinaisons, deux camps tendent à se dessiner, deux traditions se disputent le pouvoir, l'étendue de la prérogative royale étant l'enjeu du débat. La division dualiste et la stabilité des partis sont accentuées par le régime électoral. Le Parlement comporte en effet deux Chambres dont seule la Chambre des communes est élective. Le mot « communes » n'a pas la même connotation que l'homonyme français. Les communes de France sont les unités villageoises ; dans le vocabulaire anglais, le terme désigne les communautés au sens médiéval du terme, plus proche des corporations que des communes. C'est ce qui justifie la représentation des vieilles universités au sein du Parlement britannique, jusqu'à la réforme de 1950, les universités étant considérées en tant que communautés, corporations établies. Le régime électoral est celui de la majorité relative à un tour, le candidat qui arrive en tête, même s'il n'a pas obtenu la majorité absolue des suffrages, l'emportant. Ce régime constamment pratiqué, qui impose le regroupement et contraint la diversité des opinions à s'enfermer dans un cadre dualiste, est un bon exemple de l'influence des régimes électoraux sur les systèmes de partis.

Au xviiie siècle, la vie politique est des plus restreintes et son exiguïté la rapproche de l'expérience des républiques oligarchiques. S'il y a une représentation élue, elle ne constitue qu'une fraction très réduite de la population. Les deux Chambres ne sont pas loin d'être aussi aristocratiques l'une que l'autre puisque la plupart des sièges sont tenus par les descendants de grandes familles, l'héritier du nom siégeant à la Chambre des lords et les cadets de famille à la Chambre des communes.

Nous avons donc affaire à un régime représentatif, électif, aristocratique et libéral car, pour être oligarchique, ce régime n'en est cependant pas moins libéral et la contradiction n'est qu'apparente. En effet, au xviiie siècle, la démocratie est, le plus souvent, solidaire de l'autorité, et la liberté des aristocraties. Si Rousseau opte pour une forme de république populaire et autoritaire, à l'opposé, Montesquieu préconise un régime aristocratique, défenseur des libertés. Aux Provinces-Unies, deux courants s'affrontent : la bourgeoisie riche et libérale attachée au régime oligarchique et fédératif, les éléments populaires militant pour un régime autoritaire et monarchique.

Au XVIIIᵉ siècle, la Grande-Bretagne jouit déjà d'une somme de libertés plus étendue que n'importe quel autre pays d'Europe. Qui dit alors liberté, pense d'abord à la liberté religieuse. C'est par là que commence l'émancipation des consciences et des individus. La Grande-Bretagne a en ce domaine une politique particulière. En effet, elle ne connaît pas l'égalité religieuse : la discrimination subsiste; il faut appartenir à l'Église établie pour exercer une fonction publique, pour enseigner dans les universités. Le bill du Test, établi à la fin du XVIIᵉ siècle, réserve expressément les fonctions importantes à ceux qui peuvent attester qu'ils ont reçu les sacrements de l'Église d'Angleterre. Les autres sectes ou confessions, dissidents, catholiques, sont réduites à une condition inférieure, et il faudra attendre l'émancipation des catholiques, en 1829, pour que les fidèles des églises non établies accèdent à l'égalité des droits civils et politiques.

Pourtant, s'il n'y a pas égalité, il y a liberté : liberté de conscience et liberté du culte. La Grande-Bretagne offre déjà le spectacle, si surprenant pour un Européen d'Ancien Régime, de la tolérance religieuse. Ce que Voltaire admire dans ses *Lettres anglaises* (1732), c'est que puissent cohabiter, en bonne intelligence, 20 ou 30 confessions différentes. Spectacle insolite dans une Europe qui vit encore sous le régime de l'unité de foi, et où, malgré l'éclatement de la chrétienté depuis la Réforme, une seule religion est autorisée dans chaque royaume ou principauté. C'est le principe qui a prévalu à la fin des guerres de religion dans l'Empire, avec l'intérim d'Augsbourg, c'est encore celui qui inspire en France la révocation de l'édit de Nantes en 1685. Une foi, une loi, un roi.

La tolérance s'étend aux opinions politiques : l'Angleterre

a déjà une presse politique qui achève de conquérir sa liberté. C'est sous le règne de George III, au cours de l'affaire Wilkes, avec les *Lettres de Junius* que la presse conquiert son indépendance. L'Angleterre connaît une liberté de discussion ignorée ailleurs, dont le Parlement est le gardien. C'est lui qui préserve la liberté de la presse contre les ingérences de la couronne. De ce libéralisme vient l'attrait exercé par le régime britannique sur les esprits libéraux de l'Europe entière. L'anglomanie atteint de larges secteurs de l'opinion cultivée séduite par le fonctionnement du régime et la liberté qu'il laisse aux citoyens.

Ce régime est promis à un grand avenir et est appelé à devenir la forme politique universelle au XIXᵉ siècle et au début du XXᵉ siècle. Si vers 1750, l'on estimait que la monarchie absolue était la forme la plus moderne du gouvernement, la modalité la plus rationnelle de l'organisation du pouvoir, au XIXᵉ siècle, l'opinion éclairée lui préférera le libéralisme à l'anglaise, le régime parlementaire dont la Grande-Bretagne a, la première, exploré les voies et jeté les fondements. Dans une large mesure, l'étude de l'évolution politique de l'Europe et du monde au XIXᵉ et au XXᵉ siècle sera celle de la propagation de ce modèle à la surface du globe.

Les traits communs.

Ainsi nous avons reconnu cinq types distincts de régimes politiques, qu'il est possible de grouper deux à deux, pour les quatre premiers. L'inventaire a une portée qui dépasse la période prérévolutionnaire : si profonde et si radicale que soit la Révolution, elle n'a pas supprimé totalement les principes et les modalités des régimes antérieurs.

Par commodité on a mis l'accent sur ce qui différencie ces types de régimes. Or, dans la pratique, il advient qu'ils se mélangent, certaines expériences relevant simultanément de plusieurs types. Ainsi, dans une même société politique, se superposent féodalité, ou république oligarchique, et monarchie. Il y a donc entre ces types toutes sortes de communications. Qui plus est, ils présentent des traits communs qu'il convient de dégager.

1. Parmi ces traits communs, on relève la quasi-universalité de la forme monarchique avec des contenus qui peuvent être toutefois très différents. De la république de Pologne où le roi n'est guère qu'un président sans pouvoir, au despotisme éclairé ou à la monarchie absolue, la forme monarchique recouvre à peu près toute l'Europe. Deux siècles plus tard, nous discernons dans ce domaine une très profonde transformation : le rétrécissement progressif, la disparition presque complète de l'institution monarchique du fait des révolutions mais aussi et surtout des deux guerres mondiales qui ont emporté les trônes et consommé la ruine des dynasties. La défaite de 1918 entraîne la chute des Habsbourg, des Hohenzollern, des Romanov, du sultan, de plusieurs autres petits royaumes; de même, en 1945, si la forme monarchique achève de disparaître de l'Europe orientale, c'est du fait de la guerre. Aujourd'hui, pour l'Europe, l'institution monarchique est cantonnée au quart nord-ouest de l'Europe et limitée, exception faite de la Grande-Bretagne, à de petits pays, les États scandinaves, les Pays-Bas, la Belgique.

2. Tous les régimes antérieurs à la Révolution sont des régimes traditionnels. Je veux dire qu'ils sont tous le produit d'une lente et longue évolution et il faut remonter loin dans le passé pour en retrouver les origines. Ils n'ont pas de constitution, s'imposent par leur ancienneté même, et trouvent leur légitimité dans la durée, qui est leur meilleur argument, la preuve qu'ils étaient viables. Ils puisent leur justification dans la tradition, l'historicité. C'est ce que,

après la rupture de la Révolution, on appellera en 1815 le principe de légitimité. Avant 1789, il n'est pas question de principe de légitimité puisque les régimes n'ont pas besoin de se justifier. Ce n'est que, mis au défi par la Révolution, qu'il leur faudra se forger une justification; ils s'appuieront alors sur le passé, l'histoire et la tradition.

3. Cette légitimité est, pour la plupart d'entre eux, consacrée au sens propre du terme, sanctifiée pourrait-on dire, par la religion. Presque partout un lien étroit unit l'Église et l'État. La nature, les formes de ce lien varient selon les régions et les confessions. Mais originellement l'Église était dans l'État et réciproquement. Au XVIIIᵉ siècle, l'évolution est déjà engagée qui tend à les dissocier, mais la rupture n'est pas encore consommée. C'est ordinairement l'État qui a pris ses distances par rapport à la religion, en cherchant à subordonner au pouvoir civil l'Église et le clergé, à soumettre la société religieuse au droit commun. C'est le sens du gallicanisme, du joséphisme, du régalisme. C'est une étape dans le processus de sécularisation du pouvoir et des sociétés civiles. Sur ce point aussi l'Ancien Régime annonce la Révolution.

4. Autre trait commun, mais cette fois négatif : dans cette variété d'expériences et de régimes, il n'y a rien, ni de près ni de loin, qui s'apparente à la démocratie. Rien ne l'annonce, ni les républiques oligarchiques ni, à plus forte raison, les monarchies.

On rencontre bien des procédures, des institutions que la démocratie reprendra par la suite : institutions représentatives, procédures électives qui ne sont démocratiques ni dans leur principe ni dans leurs modalités. La vie politique est partout des plus réduites : des corps aux attributions restreintes recrutés dans des cercles étroits tiennent des sessions brèves, sans périodicité fixe, sauf en Angleterre. Les États généraux de la monarchie française ne sont pas démocratiques et le Parlement britannique est tout aristocratique. Partout, la vie politique est aux mains d'une élite. Au reste il ne pouvait guère en être autrement, dans des sociétés en majorité rurales, composées d'illettrés pour le plus grand nombre, où il n'y a encore que peu de moyens de communication et d'expression, où les échanges sont rares et lents. Angleterre exceptée, aucun pays n'admet la liberté d'opinion ni d'expression, il n'y a pas de partis constitués, pas de philosophies ou d'idéologie politique largement diffusées dans l'opinion publique. Pas de démocratie et peu de libertés. Si l'on constate à la surface de l'Europe une pluralité de régimes, aucun d'eux n'admet encore à l'intérieur le pluralisme des opinions et des institutions, sauf la Grande-Bretagne et ses deux partis.

Par comparaison avec ces traits généraux, la nouveauté radicale de la Révolution française apparaît mieux. La Révolution va changer à la fois les principes et les pratiques. Elle ruinera le principe d'historicité. Elle forgera des institutions neuves, expérimentera des formules inédites avec le transfert de souveraineté, l'adoption de textes constitutionnels, la présence d'assemblées, la formation de partis politiques, la liberté de la presse, la multiplication des journaux, la publicité des débats, la liberté de discussion, les clubs.

L'expérience des États-Unis.

A vrai dire, un dénombrement complet des formes politiques aurait dû inclure un sixième type, la République américaine. Mais la République américaine est presque contemporaine de la Révolution française puisque c'est en 1787 qu'une convention, réunie à Philadelphie, rédige le texte de la constitution des États-Unis qui n'entre en vigueur — coïncidence frappante — que dans le cours de l'année 1789. Malgré tout, eu égard à l'influence des événements d'Amérique sur les origines de la Révolution française et compte tenu de la parenté entre certaines idées des insurgents et certaines expériences des révolutionnaires français, il faut en dire un mot. L'expérience américaine n'est pas sans analogie avec telle ou telle autre forme précédemment recensée. Ainsi la coexistence de 13 États fait penser aux Provinces-Unies : il y a des ressemblances entre le caractère oligarchique, la décentralisation, certaines institutions des nouveaux États-Unis et l'expérience deux fois séculaire des Provinces-Unies.

Le cas américain n'en est pas moins original. Il l'est même à deux titres. C'est la première fois qu'une colonie revendique son indépendance et rompt les liens avec la métropole. Premier acte de la décolonisation, ce geste a une signification historique capitale et on peut faire remonter à la déclaration d'indépendance de 1776 tous les mouvements qui depuis ont visé à rompre les liens de type colonial, en Amérique espagnole et portugaise au XIXe siècle, en Afrique ou en Asie au XXe. La revendication de l'indépendance est, dans l'esprit des insurgents comme dans le processus circonstanciel, liée de près à des causes proprement politiques : c'est parce que les colonies américaines n'étaient pas représentées au Parlement de Londres qu'elles refusèrent de se considérer comme engagées par ses votes et qu'elles tinrent pour nulles les impositions décrétées de Londres. Sous l'apparent paradoxe de la formule, les insurgents ne se sont jamais montrés meilleurs Britanniques que le jour où ils ont rompu les liens avec l'Angleterre, appliquant les principes du régime britannique de représentation, d'élection, de consentement à l'impôt.

En 1783, détachés de la Grande-Bretagne, ils innovent en matière d'institutions, élaborent un nouveau système politique dont les éléments constitutifs sont neufs, à commencer par la présence d'un texte de constitution. Avec la constitution américaine, nous rencontrons pour la première fois un événement qui est encore d'actualité aujourd'hui, le texte élaboré en 1787 réglant toujours le fonctionnement des pouvoirs publics dans l'Union américaine.

On trouve dans ce régime des assemblées élues, un équilibre entre le gouvernement fédéral et les États, des garanties pour les libertés publiques, l'application du principe de la séparation des pouvoirs poussée à ses ultimes conséquences, puisque le président ne peut dissoudre le Congrès, ni le Congrès déposer le président ou renverser les ministres.

L'expérience est neuve et éveille un courant de sympathies en Europe même où, à la veille de la Révolution, deux modèles suscitent un égal intérêt : le modèle anglais et le modèle américain.

Mais la France poussera plus loin l'entreprise. C'est elle qui fera l'expérience la plus révolutionnaire et c'est l'expérience française qui aura le plus grand retentissement. C'est pourquoi il convient de marquer en 1789 le terme de l'Ancien Régime et d'y fixer le point final de cet inventaire de ses formes politiques et sociales.

5

Les relations internationales

L'étude de l'Ancien Régime politique comporte deux volets : les institutions internes et les relations entre États. En effet, ces États, que nous avons considérés isolément, entretenaient des relations dont la forme a varié avec le temps. Il importe de définir l'originalité de ces relations internationales car la Révolution les transformera aussi bien que le fonctionnement des régimes politiques.

Au XVIIIe siècle, les États sont plus nombreux qu'ils ne sont aujourd'hui. Quelques exemples illustreront le pullulement de petits États en Europe. Ainsi l'Italie présente une physionomie fort différente de celle que nous lui connaissons depuis son unification, il y a un siècle. Elle n'est, selon la forme consacrée, qu'une « expression géographique ». Son unité est géographique et culturelle mais non politique. Une bonne dizaine d'États de taille et d'importance très inégales se partagent la péninsule : des royaumes, Deux-Siciles sur lequel règnent les Bourbons, Piémont-Sardaigne, de grands duchés ou des principautés comme la Toscane, des dépendances étrangères, des républiques, Venise et Gênes, et un État d'un type très particulier, le seul de l'Europe du XVIIIe siècle où subsiste une forme de théocratie, où il y ait confusion entre le spirituel et le temporel, les États de l'Église. Ainsi, même dans le cadre relativement exigu d'une péninsule qui ne couvre guère plus de 300 000 km² on trouve juxtaposées la plupart des formes politiques précédemment recensées : féodalité, république, monarchie absolue ou éclairée. Cette multiplicité d'États explique peut-être que l'Italie ait été rompue à l'art de la diplomatie quand le reste de l'Europe en était encore aux balbutiements. Dès le xvie siècle, c'est en Italie que se forment les traditions de la diplomatie moderne. C'est d'Italie aussi que vient une partie du personnel diplomatique, les Italiens étant nombreux à servir des princes étrangers. Le modèle des rapports diplomatiques est fourni au xvie siècle par les dépêches des nonces apostoliques et des ambassadeurs de Venise. L'Allemagne présente une situation assez semblable et c'est plutôt des Allemagnes qu'il faut parler puisque sous l'apparence d'unité que confère la façade du Saint Empire romain germanique coexistent plus de 300 États.

Cette multiplicité appelle l'établissement d'un système de relations qui pourtant, au xviiie siècle, sont encore restreintes. Le plus souvent, un État n'en entretient qu'avec ses voisins immédiats. Il n'y a pas encore un système universel de relations diplomatiques. Aujourd'hui, à quelques exceptions près, qui s'expliquent généralement par des différends idéologiques, tous les pays du monde entretiennent ensemble des relations régulières. Il n'est que de voir dans les principales capitales le nombre des missions diplomatiques. Rien de tel au xviiie siècle où même les plus grandes puissances n'ont de représentants accrédités qu'auprès d'un petit nombre d'autres États; un système généralisé ne sera organisé que très progressivement; on ne connaît pas alors d'organisations internationales comparables à la Société des Nations ou aux Nations unies et à toutes les organisations techniques qui en dépendent. Le système des relations internationales est encore réduit et rudimentaire.

L'étude des relations internationales se subdivise naturellement en deux chapitres : relations de l'Europe avec les autres continents et relations internes de l'Europe. Cette

distinction n'est pas seulement géographique mais s'impose
en raison d'une différence de nature : les relations à l'intérieur de l'Europe s'établissent ordinairement sur un pied
d'égalité, au moins juridiquement, alors qu'il n'en va pas
de même des rapports entre l'Europe et les autres continents.

1. Les relations entre l'Europe et les autres continents les empires coloniaux

Quelques royaumes dont le Siam et la Perse qui ont réussi
à préserver leur indépendance envoient de temps à autre des
ambassades extraordinaires en Europe qui entretient avec
eux des relations généralement intermittentes, sur pied d'égalité. Ces exceptions mises à part, les relations prennent normalement la forme de la colonisation, c'est-à-dire de la
dépendance, de l'assujettissement à l'Europe. C'est là un
phénomène fondamental.

L'essence même de la colonisation est une relation d'inégalité et de dépendance, reposant sur l'inégalité politique,
militaire, économique et culturelle entre colonies et métro-
poles. Souvent les conquérants n'ont trouvé devant eux que
le vide ou des sociétés primitives. Mais quand ils ont ren-
contré des États constitués, royaumes ou empires, ils les ont
détruits comme ce fut le cas des empires précolombiens.

L'important, pour caractériser la situation au XVIIIᵉ siècle,
est de prendre acte de l'existence de plusieurs empires coloniaux d'ancienneté inégale, dont certains sont déjà sur le
déclin, tels l'empire portugais et l'empire espagnol, d'autres,

au contraire, en pleine expansion, tel l'empire britannique. Le fait saillant est la rivalité qui oppose la France à l'Angleterre qui se disputent la suprématie coloniale partout où la colonisation progresse, où passe le front de l'expansion, que ce soit en Amérique du Nord, pour l'embouchure du Saint-Laurent ou la Louisiane, dans les îles des tropiques ou en Inde. En 1763, la fin de la guerre de Sept ans consacre l'échec des prétentions françaises et couronne l'effort britannique; la France est évincée du continent nord-américain et perd aussi l'essentiel de ses possessions aux Indes. Écartelée entre sa vocation continentale et sa vocation maritime, la France qui n'a pas su ou pu choisir, a perdu outre-mer. La Grande-Bretagne, au contraire, qui n'était pas engagée sur le continent ou seulement par procuration — elle s'y procure des alliés mais sans avoir à soutenir un effort continu —, a pu consacrer tous ses efforts aux théâtres d'opérations extérieurs. C'est la clé de son succès. Mais la rivalité coloniale entre les deux pays ne prend pas fin pour autant et on la verra rebondir à l'occasion de la guerre d'Indépendance des États-Unis (1776-1783) quand, pour rétablir son prestige, la France apportera son aide aux insurgents contre la Grande-Bretagne.

Cette rivalité coloniale est une dimension essentielle de l'histoire des relations internationales au XVIIIe siècle, la compétition outre-mer se surajoutant à la compétition sur le continent européen même.

2. Les relations entre États européens

Les relations internationales en Europe obéissent à des principes tout différents. En droit, les pays sont tous égaux,

sujets actifs des rapports internationaux et il n'y a pas de
dépendance. Depuis longtemps, certains principes que les
juristes ont travaillé à élaborer constituent un corps de doctrine : un droit des gens qui réglemente les relations en
temps de paix et en temps de guerre.

Ces conventions générales admises, les égards que se
marquent les souverains n'empêchent pas que surgissent les
conflits et le XVIIIe siècle voit à intervalles rapprochés des
guerres longues se succéder et se généraliser (la guerre de
Succession d'Espagne dure une douzaine d'années, jusqu'en
1713, la guerre de Succession d'Autriche, huit années (1740-
1748), la guerre de Sept ans (1756 à 1763), sans compter
des conflits plus mineurs à propos de l'Italie ou de la succession de Pologne.

Le XVIIIe siècle est ainsi jalonné de conflits pourtant très
différents des guerres modernes, postérieures à la Révolution, pour la raison qu'il n'existe guère au XVIIIe siècle ce
qu'on appellera par la suite des États-nations. La plupart
des États ne coïncident généralement pas avec des nations
constituées et, même dans ce cas, le sentiment national est
encore trop faible pour être un mobile déterminant. Le principe dynastique est plus important et plus décisif puisque
c'est lui qui règle la plupart des combinaisons diplomatiques
et qui est à l'origine de nombreuses alliances, ce qu'on
appelle le pacte de famille par exemple entre les Bourbons
de France, d'Espagne, des Deux-Siciles ou de Parme. Mais
c'est lui aussi qui est à l'origine de nombreux conflits et les
appellations habituelles de la plupart des guerres montrent
bien qu'elles s'engagent à propos de successions, d'Espagne,
d'Autriche ou de Pologne.

Un second élément caractéristique du système des relations internationales est le souci partagé de maintenir l'équilibre. Les systèmes d'alliances traditionnels ont pour principale raison d'empêcher l'hégémonie de l'une des grandes

puissances. C'est la préoccupation constante du Cabinet britannique, mais aussi de la plupart des princes, d'où le désarroi provoqué en 1756 par le renversement des alliances : tout le système se trouve brusquement déréglé quand la France se rapproche de la maison d'Autriche dont elle était l'adversaire héréditaire depuis plus de deux siècles.

Un autre bouleversement intervient un peu plus tard avec le système copartageant. On appelle ainsi l'accord, la connivence de plusieurs États contre un voisin commun, pour se partager ses dépouilles. C'est au détriment de la Pologne que ce système est expérimenté, à l'initiative de Frédéric II qui gagne à ses vues la tsarine et Marie-Thérèse d'Autriche. Le système copartageant sera pratiqué à trois reprises avec les trois partages de la Pologne qui aboutissent en 1795 à la disparition de la carte de l'Europe de cette République qui couvrait avant 1772 un très vaste territoire, allant de la mer Baltique aux approches de l'Ukraine.

Le renversement des alliances, l'adoption du système copartageant entraînent le déséquilibre du système des relations internationales. Tel est le contexte où la Révolution française se produit. Cette situation ne sera pas sans conséquences sur les relations entre la France révolutionnaire et les trônes.

A cela s'ajoute le déclin des puissances dont le cas limite est celui de la Pologne qui n'est plus en mesure de résister aux convoitises de ses voisins. L'Empire ottoman est déjà « l'homme malade » de l'Europe et suscite les convoitises de la Russie et de l'Autriche. La Suède, depuis le fiasco de l'équipée de Charles XII, s'engage sur la même voie. Or, Suède, Pologne, Turquie avaient le trait commun de constituer pour la diplomatie française les alliances de revers, qui devaient lui permettre de prendre à revers la maison d'Autriche et de l'écraser entre deux feux. La diplomatie française perd ainsi les alliés sur qui elle s'appuyait depuis les accords de François Ier avec le Grand Turc et la politique de Richelieu avec Gustave-Adolphe de Suède. Ajoutée à la Révolution, cette modification de la balance des forces donnera, à tort on le verra, aux souverains européens, roi de Prusse, empereur, tsarine, le sentiment que la France a cessé d'être un élément important du jeu diplomatique.

Les conflits sont nombreux, mais toujours limités, les guerres peuvent être longues, mais ne sont pas totales. Rien n'annonce le caractère totalitaire des conflits du xxe siècle, ni dans les objectifs, ni dans les moyens mis en œuvre. Aucun souverain ne se propose, même dans le secret de sa conscience, de détruire l'adversaire ; exception faite pour la Pologne, il vise à arrondir son territoire, à conquérir une province, la Silésie, par exemple, ôtée à l'Autriche par Frédéric II. Quant aux moyens, ils sont restreints puisque l'état précaire des finances princières ne permet pas de solder longtemps, ni de porter à des effectifs considérables les armées de métier. Les États de l'Ancien Régime n'ont pas les moyens matériels, ni financiers ni militaires, de mener à bien une stratégie de grande envergure et une politique d'hégémonie continentale.

La Révolution va changer tout cela. L'adoption de la conscription transformera la nature des armées et il deviendra désormais possible de mobiliser des masses en substituant aux armées de métier la formule de la nation armée. Le sentiment national, que la Révolution éveille en France, puis bientôt par résonance dans les autres pays, devient un ressort puissant sur lequel les gouvernements s'appuient mais qui, parfois, les déborde et ne leur permet pas de faire des concessions. La guerre elle-même va prendre des proportions nouvelles avec l'introduction d'une dimension idéologique. Sur le plan des relations internationales aussi bien que sur celui des régimes politiques, la Révolution française opérera une véritable mutation.

2

La Révolution
1789-1815

La période révolutionnaire est un des chapitres les mieux connus de l'histoire et plutôt que d'en retracer le récit, nous en dégagerons les traits principaux, les origines, la signification et la portée.

Peu d'événements historiques méritent autant qu'on s'y arrête. Ce bouleversement par sa nouveauté, l'ampleur de ses conséquences, son retentissement dans l'espace comme dans le temps, n'a guère de précédent dans l'histoire des hommes. Ses prolongements sont en quelque sorte indéfinis et aujourd'hui même il n'est pas sûr que nous en ayons fini avec l'histoire de la Révolution.

Depuis, d'autres événements ont pu l'éclipser et la rejeter au second plan, telle la révolution de 1917. Faisant désormais partie de l'histoire, ce qui était apparu à beaucoup comme illicite, a été légitimé par le temps. Néanmoins, dans tous les pays d'Europe, certaines familles d'esprits, de petits noyaux réfractaires à la Révolution en contestent le principe même et adhèrent à des écoles de pensée contre-révolutionnaires. Enfin, hors d'Europe, il est des pays qui se situent en deçà de la Révolution, pour ne l'avoir point connue.

La Révolution est le grand ébranlement dont procède toute l'histoire du XIXᵉ siècle. Même si l'on a pu croire la Révolution conjurée et la parenthèse fermée en 1815, la situation demeure dominée par elle. Tout au long du siècle, elle continue de déterminer les clivages.

Révolution française ou révolution atlantique?

Pour en prendre la mesure exacte, la Révolution française doit être replacée dans une perspective qui déborde le cadre de la France. Ce n'est pas un fait purement français. Les événements de 1789 s'inscrivent dans un mouvement plus vaste. C'est une orientation de l'historiographie actuelle, tant en France qu'aux États-Unis, d'insister sur les liaisons entre cette Révolution et d'autres mouvements. En effet, à examiner la chronologie des agitations révolutionnaires — et il y en eut plusieurs — on découvre que se dessinent entre elles des parallélismes et même des synchronismes. La Révolution est ainsi encadrée par de nombreux mouvements avant, pendant et après.

De 1776 à 1783, le mouvement le plus important à précéder la Révolution française est la révolution d'Amérique qui présente un phénomène complexe dans sa double signification. C'est en effet une guerre de libération extérieure, mais aussi une remise en cause des fondements et des formes de gouvernement, et c'est en cela, au titre de son contenu politique, que ce mouvement nous intéresse à ce point de notre étude. Son caractère révolutionnaire est allé s'accentuant d'année en année au cours de la guerre, comme il en va presque toujours au cours d'une crise, les éléments extrêmes l'emportant sur les modérés. Le phénomène se reproduira avec la Révolution française, avec le débordement progressif des éléments plus conciliants par les plus avancés. En Amérique où les radicaux (au sens américain du mot) s'emparent peu à peu du mouvement, une fraction de l'opinion américaine, les loyalistes, refuse de rompre avec la couronne britannique et émigre. Le mouvement d'émigration aux États-Unis a été bien supérieur à l'émigration française puisqu'on estime celle-ci à 5 ‰, alors que l'émigration des loyalistes, des tories américains, a atteint 24 à 25 ‰ : les émigrés voient leurs biens confisqués au profit du nouveau régime.

Cette révolution exercera une influence considérable sur l'Europe. Elle éveille des sympathies en Grande-Bretagne même au cours de la guerre, des voix se sont élevées à la Chambre des communes en faveur des insurgents, dont celles de grands orateurs, tels Fox et même Burke, le futur théoricien de la contre-révolution. En France des volontaires s'engagent et La Fayette, qui jouera un rôle de premier plan dans les débuts de la Révolution française, doit son prestige à ce qu'il a combattu aux côtés des Américains pour la liberté. Ainsi la révolution d'Amérique a proposé un exemple mais on peut dire aussi qu'elle a contribué, indirectement, à la crise prérévolutionnaire. En effet, la France a engagé des troupes, mené des combats terrestres et navals, fourni des subsides, opérations fort coûteuses, nécessitant un emprunt qui a compromis l'équilibre du budget et réduit le roi à convoquer les États généraux pour combler le déficit. Si bien que d'une certaine manière on peut dire que la Révolution française est issue de la guerre d'indépendance des États-Unis.

D'autres mouvements en Europe, plus proches de la France, se produisent dans les années qui précèdent 1789. La Grande-Bretagne est, dans les années 1780, le théâtre d'une agitation, à la fois sociale et politique : émeutes ouvrières avec bris de machines, jacqueries paysannes et effervescence politique, d'inspiration radicale, qui réclame l'élargissement du corps électoral et la réduction de la durée de la législature. Ces revendications annoncent les réformes du XIXᵉ siècle. L'Irlande aussi s'agite contre la domination britannique. Aux Provinces-Unies, entre 1783 et 1787, des troubles graves et prolongés opposent le petit peuple, resté fidèle à la dynastie d'Orange et qui souhaite l'instauration d'une monarchie autoritaire, aux partisans du gouvernement patricien. Cette agitation n'est jugulée que grâce à l'intervention extérieure de la Prusse et sert en quelque sorte de répétition générale à l'intervention de la Prusse et de l'Autriche dans l'été 1792 contre la Révolution française. Les Pays-Bas (prenons garde aux pièges du vocabulaire politique : ce nom désigne sous l'Ancien Régime ce que nous appelons « Belgique », et ce que nous nommons aujourd'hui « Pays-Bas » est appelé alors les Provinces-Unies), les Pays-Bas donc, qui relèvent de la couronne d'Autriche, se soulèvent contre Joseph II. Genève connaît aussi une certaine agitation.

Pour en être témoins, ou pour en avoir lu le témoignage, les contemporains des troubles aux Provinces-Unies, aux Pays-Bas, à Genève, en Angleterre, ne manquent pas de replacer les événements de 1789 en France dans leur contexte d'agitation quasi générale, puisque, comme on vient de le voir, l'ensemble des pays qu'elle touche dessine la carte de l'Europe occidentale.

Parallèlement à la Révolution elle-même, d'autres mouvements révolutionnaires se développeront par contagion ou sous son influence, ou encore du fait de son intervention armée. C'est la raison de la vague des révolutions dans les pays rhénans, en Italie, et la multiplication des républiques-sœurs. Au-delà des territoires occupés par les armées révolutionnaires, par toute l'Europe, des solidarités se nouent, des sympathies révolutionnaires se dessinent et l'on trouve des jacobins en Angleterre, en Hongrie, en Autriche.

Enfin, cette agitation se prolonge après la Révolution, phénomène auquel on peut rattacher le mouvement d'indépendance des colonies espagnoles et portugaises d'Amérique entre 1807 et 1825, la vague de conspirations militaires qui déferle en 1820 et affecte la France, l'Espagne, Naples, Turin, l'agitation étudiante et universitaire en Allemagne.

Il n'est pas jusqu'à la lointaine et autocratique Russie qui ne connaisse un mouvement de ce type avec le mouvement décabriste en 1825. Ajoutons les révolutions de 1830, peut-être même celles de 1848.

Ainsi entre 1780 et le milieu du XIXᵉ siècle, pendant près de 70 années, le monde est secoué, à intervalles rapprochés, par des vagues de révolutions qui font à la Révolution française un vaste cortège et permettent de parler d'une ère des révolutions. Par la suite, les mouvements de ce genre s'espaceront et se raréfieront. Leur nombre même incite certains historiens à parler aujourd'hui, non plus de Révolution française, mais d'une révolution occidentale ou d'une révolution atlantique dont les événements de France ne seraient qu'un épisode particulier, un aspect local. Au reste, de cette solidarité entre les épisodes les contemporains eux-mêmes avaient conscience. Ce n'est pas uniquement une vue rétrospective de quelques historiens. Les indices sont nombreux de cette conviction que les révolutions étaient solidaires les unes des autres : ainsi le titre donné par Camille Desmoulins au premier journal qu'il dirige sous la Révolution : *les Révolutions de France et de Brabant* (le rapprochement entre la France et le Brabant est une allusion directe aux événements dont les Pays-Bas autrichiens venaient d'être le théâtre); Barnave parle d'une révolution européenne qui a la France à sa tête. Tout impose l'image d'une onde révolutionnaire qui aurait parcouru le monde occidental d'ouest en est, depuis les rives occidentales de l'Atlantique jusqu'au centre de l'Europe.

Cette perspective attire l'attention sur l'universalité du mouvement et sur le fait que la période 1780-1850 est une période exceptionnelle d'agitation. Elle souligne l'inadaptation des structures, des institutions, la discordance entre l'Ancien Régime et les aspirations nouvelles. Elle suggère que tout l'Ancien Régime était en crise et qu'il faut chercher les causes de la Révolution ailleurs qu'en France.

Cependant, tout en reconnaissant l'apport positif de cette interprétation, il serait excessif d'en déduire que la Révolution française n'a ni importance particulière ni originalité spécifique, qu'elle n'est qu'un cas particulier d'un phénomène plus général dans lequel elle se diluait. Plusieurs observations obligent à nuancer l'interprétation d'une révolution occidentale ou atlantique.

De la simultanéité des mouvements on ne peut pas nécessairement conclure à leur parenté, moins encore à leur identité. Il faut s'assurer que l'inspiration est la même, que les revendications sont concordantes; or ce n'est pas toujours le cas. En second lieu, nombre de ces mouvements sortent de la Révolution française et en sont les conséquences : sans elle, se seraient-ils jamais produits? C'est elle qui les a déclenchés par une réaction en chaîne que nous verrons se reproduire en 1830, en 1848, puis après la révolution bolchevique. Et surtout, même en admettant qu'il s'agisse bien d'un mouvement général, si la crise révolutionnaire est partout et affecte la plupart des pays, son centre est en France. C'est là qu'elle éclate, et là qu'elle se développe. La plupart des autres mouvements avortent et, isolément, n'auraient pas suffi à renverser l'Ancien Régime. Ces rapprochements ne font donc que mieux ressortir l'originalité et la portée historique de la Révolution dont le berceau est la France de 1789. La Révolution est bien française, même si elle s'inscrit dans un cadre plus large et si ses prolongements permettent de parler d'une révolution atlantique, occidentale ou européenne.

Cette constatation suscite à son tour une question. S'il en est ainsi, pourquoi est-ce en France que la Révolution se produit, alors que l'ordre social est partout le même en Europe? La question de la localisation dans l'espace se double d'une autre question, chronologique : pourquoi à ce moment et non plus tôt ou plus tard? C'est l'immense problème des causes de la Révolution, que nous allons examiner. Ensuite, nous étudierons par quel processus la Révolution, une fois déclenchée, s'est développée, comment et par quelles étapes elle est allée bien au-delà de son projet initial. Nous dresserons enfin l'inventaire de son œuvre et le bilan de ses répercussions.

1

Les origines de la Révolution

Le problème des origines de la Révolution peut se réduire à un paradoxe : celui des rapports entre la Révolution et l'Ancien Régime, thème qui a retenu la réflexion de Tocqueville. La Révolution brise avec l'Ancien Régime, exprime la volonté de rupture la plus totale qui soit, et pourtant elle en émane. Comment donc peut-elle à la fois rompre avec l'Ancien Régime et en procéder? C'est un problème fondamental, peut-être le problème majeur de la réflexion historique, celui qui se pose en effet chaque fois que le changement fait irruption, que ce soit révolutions, celle de 1848 ou celle de 1917, ou guerres, surtout les deux guerres mondiales : comment la guerre sort-elle de l'état de choses antérieur? Que conserve-t-elle et que modifie-t-elle de la situation?

La Révolution française est l'événement qui pose ce problème avec la plus grande acuité, dans la mesure où c'est le premier événement de ce type (les autres révolutions s'inspireront toutes du modèle de 1789) et dans la mesure où elle surgit avec une soudaineté sans pareille et apporte un changement radical. Historiens et philosophes politiques se sont donné carrière à son propos et la pensée politique du XIXᵉ siècle, toute dominée par le fait révolutionnaire, s'interroge sur sa légitimité, sa nécessité, ses conséquences et l'on ne comprendrait rien à la pensée politique du XIXᵉ siècle si l'on ne tenait pas compte de cette mise en question générale.

Mais l'éventail des réponses est large et nous disposons

d'autant de systèmes d'explication qu'il y a de faits de nature différente.

Trop souvent chaque système d'explication privilégie de façon abstraite et académique un type de faits. Aussi nous efforcerons-nous de dégager l'interdépendance de ces faits et leurs articulations, de démontrer comment la Révolution est sortie de leur convergence.

Les principes d'explication et les séries de causes.

Depuis un siècle et demi que les historiens reviennent sur l'événement révolutionnaire pour en scruter les causes, le champ d'explication n'a cessé de s'élargir. Au début, l'éventail était réduit, les historiens oscillant entre une explication de type proprement politique (la crise des institutions), et celle qui met l'accent sur le mouvement des idées, l'éveil des esprits, le facteur idéologique. Par la suite, l'observation historique a peu à peu fait émerger d'autres phénomènes et l'attention s'est déplacée de l'institutionnel vers les structures de la société et le rôle de l'économie. De proche en proche, les explications se sont multipliées. Mais la tentation reste aussi vive qu'il y a un siècle de réduire cette pluralité d'explications à un principe unique. Pour les uns, ce sera la lutte des classes, pour d'autres le mouvement des prix, tous autres facteurs étant réduits à des causes secondes se rattachant, directement ou indirectement, au type d'explication privilégié.

Pourtant cette tendance présente plus de risques que d'avantages et si une leçon s'impose après un siècle et demi d'historiographie révolutionnaire, c'est bien celle de la diversité et de la complexité de cette histoire, trop variée pour se laisser réduire à une cause unique, que ce soient les ambitions de Philippe-Égalité, la cavalerie de Saint-Georges, la franc-maçonnerie ou le mouvement des prix. Chacune de ces causes est impuissante isolément à rendre compte de la totalité du processus révolutionnaire.

Aussi me paraît-il plus sage de prendre en considération la pluralité des facteurs. A vrai dire, le problème n'est pas complètement résolu pour autant et il reste à établir une hiérarchie entre les différents facteurs qui ne sont pas tous d'égale importance; il est sûr que l'action de Philippe-Égalité a eu moins de portée que la crise des institutions ou le mouvement des prix. Il faut donc accorder à chacun de ces principes explicatifs l'importance qui doit lui revenir. C'est précisément la tâche de l'historien que d'apprécier la portée relative, l'importance respective de différents faits, d'établir une échelle, en tenant compte du fait que les mêmes causes n'ont vraisemblablement pas eu en 1792 la même importance qu'en 1789, de recenser les principaux types d'explications en allant de l'accidentel à l'essentiel.

La Révolution, simple accident ?

Un premier groupe d'explication qui ne voit en la Révolution française qu'un accident, résout le problème en en supprimant les données. Selon cette version, la Révolution n'était pas fatale et on aurait pu en faire l'économie. Elle n'a pas été voulue par le peuple, à peine par les révolutionnaires et seul un concours imprévu de circonstances fortuites aurait entraîné, par une cascade d'accidents, le déclenchement de la Révolution. En ce cas, inutile de chercher des raisons profondes à des événements qui auraient pu prendre une tout autre direction. Il ne reste qu'à dégager l'enchaînement des circonstances, l'explication de la Révolution se désagrégeant en une série de malentendus ou de scandales, dont le collier de la reine, le déficit budgétaire, les velléités de Louis XVI et quantité de petits faits qui porteraient conjointement la responsabilité de la Révolution.

Que penser de ce type de développement qu'on rencontre encore dans certaines histoires? Cette thèse rend compte sur certains points de la réalité. Elle souligne le caractère imprévu, imprévisible, du déclenchement révolutionnaire qui n'était sans doute pas l'effet de la fatalité. A partir d'un récit circonstanciel d'épisodes fortuits, on peut retrouver ce qu'il y eut d'effectivement contingent, d'accidentel dans le déroulement des événements dont est sortie la Révolution. Cette thèse met aussi en évidence le rôle des individualités.

Mais il ne s'ensuit pas que l'enchaînement des faits n'ait obéi à aucune logique. Il reste à expliquer comment des circonstances toutes fortuites ont pu engendrer des conséquences d'une telle ampleur. Dans une autre situation, les mêmes occasions n'auraient pas produit les mêmes effets. Si nous voulons entrer plus avant dans l'intelligence du déroulement et dans l'appréciation de la portée de l'événement, il est donc indispensable de descendre d'un degré dans l'échelle des explications et de faire intervenir d'autres facteurs.

L'influence occulte de minorités.

Ce type d'explication, qui trouve aisément créance auprès d'une opinion satisfaite de penser que l'histoire se ramène en définitive à l'action de cabales, fait la fortune de collections d'ouvrages ou de publications. Le schéma — un des plus répandus qui soient — ne vaut pas seulement pour la Révolution française : il peut en effet s'appliquer à tous les phénomènes historiques, aux conflits sociaux par exemple qu'on réduira à l'action de quelques meneurs vite qualifiés de mauvais bergers, auxquels on oppose l'innocence d'un troupeau égaré. C'est, au XIXᵉ siècle, la thèse de tous les gouvernements conservateurs, celle qui inspire la politique de Met-

ternich, qui pense n'avoir affaire entre 1815 et 1840 en
Allemagne, en Italie, qu'à de petites minorités d'universi-
taires ou de militaires. Inutile donc d'entreprendre des
réformes : tout est la faute d'une poignée de jacobins qui
pervertissent l'opinion. Que les gouvernements les réduisent
au silence et les mettent hors d'état de nuire, il n'y aura
plus ni agitation ni problème. Cette explication est encore
invoquée pour les mouvements de type national en Europe
au XIXᵉ siècle et au XXᵉ hors d'Europe : on croit toujours
qu'il s'agit d'une poignée d'individus mus par l'ambition ou
stipendiés par l'étranger et que le reste de la population ne
demande qu'à vivre en paix, heureuse du *statu quo*.

Forgé à propos de la Révolution, le principe de l'influence occulte de petits groupes complotant contre l'ordre
établi trouve son application dans une multitude de cas,
que ce soient les intrigues du duc d'Orléans, le rôle des sociétés secrètes, de la franc-maçonnerie ou encore l'or que la
diplomatie anglaise aurait largement dispensé en France.

Cette explication a le mérite de mettre en lumière le rôle
des minorités. Ceux qui croient pouvoir tout expliquer par
le soulèvement spontané des masses pêchent par exagération
car, de fait, qu'il s'agisse des mouvements sociaux, nationaux ou des révolutions politiques, l'expérience historique
révèle l'intervention de petits groupes précurseurs qui
forment des avant-gardes. Mais l'influence de ces minorités, l'action de ces avant-gardes seraient des plus restreintes
si elles ne trouvaient pas dans les masses des sympathies
affirmées ou implicites. En se gardant d'en faire état, l'explication tourne court. Si, par exemple, l'action des loges
maçonniques ou des amis du duc d'Orléans s'était exercée
à contre-courant du mouvement général, si l'ensemble du
pays avait maintenu à la monarchie et à la société d'Ancien
Régime une adhésion sans faille, le gouvernement n'aurait
pas eu de peine à contrecarrer leurs intrigues. C'est parce

qu'ils ont joui du soutien de la population qu'ils ont pu réussir. La contre-épreuve nous est du reste fournie au XIXᵉ siècle où ce n'est pas faute d'avoir comploté le renversement des régimes fondés sur les principes de 1789 que les contre-révolutionnaires échouent mais parce qu'ils sont isolés, qu'ils ne trouvent pas dans l'opinion publique ces connivences dont les révolutionnaires avaient bénéficié en 1789.

L'explication par les minorités doit donc être retenue pour son apport positif, mais à condition d'être replacée dans une perspective d'ensemble qui tienne compte des liaisons entre les avant-gardes et le reste de la société, puisque c'est cette réciprocité d'échanges, cette alliance des minorités et des masses qui sont à l'origine de tous les grands mouvements historiques.

Qu'elles mettent en valeur circonstances, accidents ou minorités, ces théories, soulignant le caractère inévitable de la Révolution française, ne suffisent pas à tout expliquer; force est donc de faire appel à d'autres théories : le lien de causalité, de nécessité entre la situation antérieure et l'évolution des événements, semble si strict et si direct qu'on est parfois amené à se demander comment la Révolution n'a pas surgi plus tôt. Le lien de causalité pouvant recouvrir une multitude de causes de nature fort différente, il en faut décomposer le faisceau.

Les facteurs d'ordre économique.

Il faut prendre garde de confondre économique — au sens propre du terme — et financier : ils peuvent interférer, mais restent distincts par nature.

Les causes financières de la Révolution tiennent au déficit budgétaire qui a assurément joué un rôle puisqu'il est à l'origine de la convocation des États généraux. L'étude des institutions de l'Ancien Régime nous a appris la situation chroniquement défectueuse des finances due à l'absence d'administration financière, et à laquelle s'ajoute l'impuissance de la monarchie à supprimer les privilèges.

La situation est aggravée par la guerre d'Amérique qui oblige à des dépenses considérables et entraîne le recours à l'emprunt. Voilà un type de causes mi-structurelles et mi-conjoncturelles puisque les conséquences financières de la guerre d'Amérique relèvent de la conjoncture et l'état chronique des finances des structures.

Les causes économiques sont autrement plus importantes et plus durables et concernent le régime même de l'économie française, c'est-à-dire la façon dont la production des richesses et la distribution des biens se trouvent organisées.

Certaines de ces causes tiennent à la conjoncture et cet élément ne peut être négligé. L'économie française est, en 1789, dans une passe difficile et l'on a souvent imputé la responsabilité de la crise qu'elle traverse à l'application du traité de libre-échange signé en 1786 entre la France et l'Angleterre. Dans les années 1780 l'Europe tente une sorte de libéralisation des relations économiques, une première expérience, encore timide, de libre-échange. Plusieurs traités de commerce et de navigation sont alors signés entre la France et les jeunes États-Unis, l'Angleterre, la Suède, plusieurs pays baltiques. Ces traités ont en commun d'élargir les échanges et d'abaisser les barrières douanières, ouvrant ainsi une brèche dans le système mercantiliste qui réglait strictement les rapports entre les économies nationales. Ce traité, qu'on appelle Eden, du nom du négociateur britannique, a mauvaise presse en France où industriels et commerçants lui font porter la responsabilité de leur marasme. Il est malaisé aujourd'hui, à distance, de dire quel était le bien-fondé de ces récriminations. Chaque fois qu'on abaisse les barrières douanières, commerçants et industriels jettent les hauts cris : ainsi après le traité de libre-échange de 1860 qui aliéna au second Empire la sympathie des producteurs; puis, après 1950, à propos du plan Schuman. Après la signature de ce traité, la situation économique était-elle aussi désastreuse que le donnaient à entendre les manufacturiers? Si tel était le cas, le traité y était-il pour quelque chose? Retenons que le traité et les conséquences qu'on lui attribuait ont pu concourir à la naissance d'un état d'esprit révolutionnaire, l'amertume des producteurs les détachant d'un régime qui défendait si mal leur existence.

Plus déterminants ont certainement été les faits de structure, ceux qui tiennent à l'organisation de l'économie française. Cette économie est caractérisée par les entraves qui pèsent sur elle, les unes techniques et les autres juridiques. La menace chronique de la pénurie fait de la faim le premier problème des individus et des gouvernements; la France vit dans la hantise des disettes, le souvenir des famines précédentes et l'appréhension de leur retour. On a parlé, à la fin du règne de Louis XV, d'un pacte de famine, la population s'imaginant que le gouvernement avait partie liée avec les accapareurs pour restreindre la production et entraîner le renchérissement des prix. Les disettes sont d'autant plus à craindre que la population s'est accrue rapidement, plus vite que la production des céréales. Entre 1715 et 1789, la population de la France a approximativement augmenté de moitié, passant de 18 ou 19 millions à 26 ou 27, sans que pour autant l'agriculture française soit en mesure de nourrir cet excédent. La population compte 8 à 9 millions de bouches supplémentaires et le déséquilibre tend à s'accentuer.

Cette situation s'inscrit dans un mouvement de longue durée. En histoire économique on parle des variations des prix et des mouvements à court et à long terme. A peu près depuis la fin du règne de Louis XIV, la tendance est ascendante et l'économie de l'Europe est engagée dans un mouvement de hausse lente qui entraîne une série de conséquences qu'aujourd'hui nous connaissons bien. La hausse est dans l'ensemble favorable à l'expansion de la production et le XVIII° siècle est pour certains un siècle de prospérité. Cette hausse entraîne le renchérissement des denrées; pour qui se trouve dans la position de consommateur — l'ouvrier salarié, l'artisan obligé d'acheter des produits alimentaires —, cela signifie augmentation des dépenses et rétrécissement de son pouvoir d'achat. La conjonction de la pénurie intermittente et du renchérissement continu explique le mécontentement et la naissance d'un esprit pré-révolutionnaire dans cette portion de la population des villes qui dépend pour sa subsistance de la production agricole. Le même phénomène enrichit les autres groupes qui produisent et qui vendent. On saisit sur cet exemple le caractère ambivalent de la plupart des faits, notamment économiques, qui est une des constantes de la réalité sociale. Ainsi, le même phénomène fait des heureux et des malheureux et il est impossible de dire s'il est bénéfique en lui-même ou néfaste, le jugement dépendant de celles des conséquences que l'on a choisi d'examiner et des catégories sociales considérées.

Il faut encore dire un mot du système des corporations qui participe à l'organisation juridique et institutionnelle de la société et qui ajoute aux contraintes. En effet, dans de nombreuses branches d'activité, le travail n'est pas libre, mais réglementé, et on ne peut l'exercer qu'à condition d'appartenir à une corporation. Ainsi, les quantités, les formes, les conditions de la production sont fixées, et toute infraction est sanctionnée par une amende, quelquefois même par le retrait de l'autorisation de produire ou de vendre, une caractéristique de la corporation étant que la puissance publique lui délègue des attributions coercitives. L'ensemble de ces contraintes, qui se justifiait naguère par des nécessités sociales, politiques, souvent financières, a perdu à la fin de l'Ancien Régime sa justification. Le progrès technique, la multiplication des inventions, l'accumulation des capitaux, la naissance de nouvelles formes d'industrie, la formation d'une classe de négociants, concourent à périmer cette organisation. C'est au plan de l'activité économique, le même contraste que, du point de vue de l'organisation sociale, entre des cadres séculaires qui apparaissent anachroniques et des forces neuves qui tentent de les abolir. Il n'est pas douteux que le désir d'innover, le besoin d'initiative, aient rangé beaucoup de producteurs dans le camp des forces révolutionnaires en 1789.

L'organisation sociale et la crise de la société.

L'économie se trouvant conditionnée et réglementée par les structures juridiques et les institutions, il reste à déterminer les causes qui tiennent à l'organisation même de la société d'Ancien Régime.

La crise de cette société est déterminée par l'antagonisme qui oppose une organisation traditionnelle (fondée sur la hiérarchie, l'inégalité, l'existence des ordres, la défense des privilèges) et les nouvelles aspirations des classes qui montent. D'année en année, le décalage est davantage accentué par le déplacement de richesses qui appauvrit la noblesse et enrichit la bourgeoisie, par l'évolution des esprits, la remise en cause des fondements juridiques et intellectuels de l'ordre traditionnel. Le raidissement des privilégiés, leur âpreté à défendre les places contribuent à exaspérer les antagonismes, à transformer les tensions que recèle toute société en tensions proprement révolutionnaires, et ce d'autant plus que le pouvoir royal, jusque-là l'arbitre des compétitions d'amour-propre et des concurrences d'intérêt, n'est plus en mesure de les départager.

A partir du moment où l'opinion publique commence

d'envisager d'autres possibilités et à porter un jugement critique sur l'état de choses existant, la situation n'est plus seulement objectivement révolutionnaire, elle commence à le devenir politiquement.

Les causes politiques.

Les causes politiques sont peut-être les plus déterminantes de toutes car, politique, la Révolution va s'en prendre à la forme même du régime et à l'organisation du pouvoir.

Pourtant il importe de dissiper une équivoque. Toute une interprétation de la Révolution française — celle qui inspire encore souvent les manuels scolaires — présente la Révolution de 1789 comme une réaction libérale contre une monarchie dont le joug serait devenu trop pesant, contre l'autorité et l'absolutisme. Il y a de cela assurément, et la prise de la Bastille est le symbole du renversement du despotisme par un peuple qui brise ses chaînes. Pourtant à y regarder de plus près, au-delà du symbolisme d'événements spectaculaires, on en vient à se demander si la monarchie n'a pas davantage péri d'un excès de faiblesse que d'autorité : de n'avoir pas pu imposer aux privilégiés le respect de l'intérêt général. Un pouvoir plus fort, plus respecté aurait peut-être su prévenir une crise révolutionnaire. On pourrait dire de la monarchie française à la fin de l'Ancien Régime ce que Bainville a dit du traité de Versailles : trop rigoureux pour la faiblesse de l'organisation qu'il instituait et trop faible pour la sévérité des clauses qu'il imposait à l'Allemagne. Il en est de même pour la monarchie qui prétend être absolue mais à laquelle les moyens manquent souvent pour atteindre ses objectifs. Mal outillée administrativement, dépourvue de finances régulières, elle n'est pas en mesure de contenir les prétentions des privilégiés. Ainsi sous Louis XVI, la lutte plusieurs fois séculaire entre la couronne et les privilégiés se réveille, les corps multiplient les revendications, les officiers du roi s'émancipent : c'est la révolte des Parlements, la mauvaise volonté de l'Assemblée des notables, l'insubordination à tous les degrés de la pyramide sociale.

La Révolution a commencé par être une révolte des privilégiés avant d'être la révolte du tiers contre la société privilégiée. Ce sont eux qui ont donné le signal de la désobéissance et ouvert, à leur insu, la voie au processus révolutionnaire. Si la monarchie avait été plus forte, si elle avait eu les moyens de ses ambitions, elle aurait mis les privilégiés au pas et pu imposer les réformes que le souci bien compris de la raison d'État lui aurait dictées. Tel n'était pas le cas et toutes les tentatives de réforme, celles de Maupeou à la fin du règne de Louis XV, de Turgot et de Necker, ont buté sur la résistance des corps privilégiés. Le renversement va même plus loin : non seulement la monarchie n'a pu tenir tête, mais elle s'est laissé accaparer par les privilégiés et a épousé leur cause. Ce faisant, elle s'écartait de la ligne de conduite traditionnelle, dont les souverains avaient fait un principe fondamental de leur politique : l'alliance avec les éléments les plus évolués du tiers état contre la féodalité. La collusion qui s'affiche à la veille de la Révolution entre le pouvoir royal et les privilégiés rejettera la bourgeoisie dans l'opposition révolutionnaire. Ainsi s'explique la déviation d'un mouvement, qui d'antinobiliaire deviendra antimonarchique parce qu'il englobera l'institution royale dans l'animosité qu'il porte aux ordres privilégiés.

Dans cette relation triangulaire entre la monarchie, les privilégiés et le tiers, le processus va entraîner l'extension de la révolution. Révolte des privilégiés, révolution antinobiliaire, révolution antimonarchique : tels sont les trois stades successifs d'un mouvement qui détruira jusqu'à ses racines l'ordre politique et social de l'Ancien Régime.

Le mouvement des idées, leur diffusion dans l'opinion.

Les facteurs d'ordre intellectuel et idéologique, le mouvement des idées du XVIII⁰ siècle ont largement concouru à la genèse de la Révolution. En effet, les théories politiques ne sont pas seulement conçues dans le silence du cabinet par des penseurs isolés, mais encore alimentent les mouvements d'opinion. Cependant, entre le contenu originel et la diffusion, les théories s'altèrent. C'est ainsi que ce que l'opinion retient des écrits de Voltaire ou de Montesquieu est assez éloigné de ce qu'ils ont écrit ou pensé. Pourtant, ce contenu dénaturé, s'il n'est pas intellectuellement des plus riches, est, historiquement, ce qu'il y a de plus important, de plus décisif sous le rapport de l'histoire en mouvement. Ainsi se constitue à la fin de l'Ancien Régime une sorte de vulgate qui emprunte à tous les philosophes et qui est diffusée bien au-delà du cercle des lecteurs. De fait, avec ceux qui ont lu Montesquieu et Rousseau ou les abonnés à l'*Encyclopédie*, il n'y avait pas de quoi faire une révolution : l'*Encyclopédie* n'a pas eu plus de 4 000 ou 5 000 abonnés, moins que nos revues d'intérêt général. Mais ce serait une grande erreur de mesurer le rôle historique de l'*Encyclopédie* à ce seul chiffre car il faut tenir compte de la diffusion souterraine qui véhicule les idées et les fait pénétrer par osmose dans des couches plus larges.

A côté des écrits, il y a aussi la vertu des exemples, l'apport des précédents et des expériences. Celui de la révolution américaine propose une solution de rechange à une partie de l'opinion qui désire confusément un renouvellement profond, et à qui les simples réformes ne paraissent plus suffisantes. Elle rêve d'une refonte qui s'opérerait dans l'ordre et dans l'harmonie, avec l'assentiment et même à l'initiative du pouvoir royal. L'esprit de la Révolution se définit par cette volonté de rationalisme qui prend le contre-pied du respect de la tradition propre à l'Ancien Régime, et ce rêve d'une unification qui ferait table rase de la diversité d'institutions accumulées depuis des siècles.

Voilà les principaux facteurs qui convergent pour déterminer la Révolution; c'est dans leur concours que réside l'interprétation la plus valable : celle qui marie la conjoncture et les faits de structure, qui associe le politique au social et qui explique comment, à partir d'une situation de crise, des mouvements d'idées ont pu déclencher un processus irréversible. C'est la conjonction de toutes ces causes qui fait la puissance explosive de la Révolution et qui interdit de la tenir pour un simple accident survenu inopinément dans le devenir d'une société particulière.

Le processus révolutionnaire et ses rebondissements

Si les causes que nous avons passées en revue suffisent à expliquer les débuts de la Révolution (convocation des États généraux, proclamation de l'Assemblée constituante), elles n'expliquent pas pour autant la suite des événements. En effet, l'éventail des causes laisse libre le choix du processus de recherche d'un nouvel équilibre social, économique et politique, n'impose aucune méthode pour cette refonte de la société qui est le but même que s'est donné la Révolution.

1. Deux modes possibles d'évolution : mutation ou adaptation

Pourquoi la Révolution?

La rupture d'un équilibre n'est pas nécessairement le fait d'une révolution. L'expérience montre que les sociétés ont le choix entre deux modes de transformation, l'un par mutation brusque, l'autre par adaptation graduelle.

La mutation brusque provoque dans la continuité de l'histoire une rupture soudaine. C'est le cas de la Révolution française qui, première du genre, a créé un précédent, a pesé sur l'histoire et qui, depuis, désigne toute rupture analogue. Si d'autres pays ont suivi son exemple, c'est autant par contagion que par la force de l'habitude. En France, la révolution apparaît au XIXᵉ siècle comme la solution classique, normale, pourrait-on dire, si les termes « révolution » et « normale » ne juraient pas. La révolution est le recours qui s'impose pour renverser un régime dont on conteste la légitimité, et devient ainsi, après 1830, 1848, 1870, la formule banale du réajustement, d'où la fréquence des bouleversements et la succession d'expériences constitutionnelles. L'exemple français faisant école, l'Europe s'engage dans la même voie et la révolution soviétique de 1917 prend le relais avant de devenir à son tour le modèle d'une autre lignée de révolutions.

L'adaptation graduelle, par réformes successives, sans rupture, est la formule que préconisent tous les réformistes, et le choix entre réforme et révolution continue de diviser socialistes et démocrates.

Les réformistes peuvent invoquer à l'appui l'exemple de plusieurs pays, de la Grande-Bretagne en premier lieu qui, au XIXᵉ et au XXᵉ siècle, a fait l'économie des révolutions et ne s'est pourtant pas moins transformée que les pays où les révolutions se sont succédé à chaque génération. En Angleterre, l'évolution est jalonnée par des réformes législatives — ces réformes électorales, par exemple, dont la chronologie scande les étapes du développement de la démocratie : 1832, 1867, 1884-1885, et 1918 — votées par un Parlement issu d'élections régulières. Ces réformes électorales n'affectent, certes, qu'un secteur de la vie politique, et pourtant leur portée est incalculable puisqu'elles sont le levier qui permet ensuite à l'opinion d'obtenir par la voie légale des transformations de toute nature. L'exercice du droit de vote permet aux forces d'opposition, en renversant la majorité, d'arriver au pouvoir, modifiant ainsi profondément le style de la vie politique, et l'état de la société, comme ce fut le cas en 1945 avec le succès des travaillistes. Si l'on compare la situation de la Grande-Bretagne aujourd'hui à ce qu'elle était au début du XIXᵉ siècle et si l'on rapproche son évolution de la courbe décrite par la société française, on constate que la Grande-Bretagne est aujourd'hui aussi éloignée de la vieille Angleterre que la France de la Vᵉ République de celle de l'Ancien Régime. C'est donc bien la preuve que les pays peuvent évoluer par adaptation sans recourir à la révolution.

Les États-Unis proposent un autre exemple de ce mode d'évolution, le plus surprenant de tous peut-être puisque depuis la guerre d'Indépendance les États-Unis n'ont pas connu de révolution, le seul accident, d'un autre ordre, étant la guerre civile, qui n'a cependant modifié ni le régime ni directement entraîné de transformation profonde. Et pourtant, de l'adoption de la constitution jusqu'à nos jours, les États-Unis ont décrit une prodigieuse évolution, telle qu'aucun pays n'en a connu. La population est passée d'un peu plus de 3 millions à plus de 200; d'agricole et commercial, ce pays est devenu la première puissance industrielle du monde, son territoire s'est dilaté aux dimensions d'un continent, il a créé un mode de vie, une forme de société inédite et néanmoins, vit toujours sous le régime qu'il s'est donné en 1787. Complètement transformé, il a pu cependant conserver son cadre institutionnel et c'est bien là une preuve qu'il y a deux modes d'évolution avec, entre eux, toutes sortes de cas intermédiaires, de variantes.

La France, nous l'avons vu, s'est engagée, presque sans retour, dans le mode révolutionnaire. Mais ce choix, l'a-t-elle fait délibérément? Et si oui, pourquoi? A vrai dire, rien n'était joué au départ, bien au contraire, et on a même le sentiment, au début de 1789, que la France va entreprendre de profondes transformations, mais à l'amiable et dans le respect de l'ordre.

Ainsi, c'est le roi qui prend l'initiative de convoquer les États généraux et cela lui vaut la reconnaissance populaire — dont nous n'avons aucune raison de douter — qui s'exprime dans les cahiers de doléances. Il n'y a pas encore de républicains, le loyalisme à la monarchie est puissant et, quand s'ouvrent les États généraux, tous ou presque espèrent qu'un accord entre le roi et la nation permettra d'opérer les changements qui s'imposent. Pour expliquer le brusque passage de l'harmonie au désaccord et au conflit, l'examen des antécédents ne suffit pas; en effet, si les causes montrent bien la nécessité du changement, elles ne postulaient pas pour autant la chute de la monarchie et force nous est bien de chercher d'autres éléments d'explication au tour pris par les événements.

Une succession de révolutions en chaîne.

L'histoire révolutionnaire présente une suite de rebondissements inattendus. On aurait pu concevoir que la France, choisissant la voie révolutionnaire, opère d'un coup une refonte totale, et s'en tienne ainsi à l'ordre fondé. C'est au reste ce que les contemporains ont cru, en 1789, puis en 1791 quand l'Assemblée constituante se sépare après avoir rétabli le roi dans ses pouvoirs : le roi vient à l'Assemblée et prête serment de fidélité à la constitution, celle-ci ayant fait l'objet d'une révision qui vise à la rendre définitive. Le sentiment est alors à peu près général que l'ère des révolutions est close et que s'ouvre désormais une longue période de stabilité où la France pourra jouir sans orage de la rénovation qu'elle vient d'accomplir.

Il n'en est rien, le 10 août et la chute du trône, les lendemains du 9 thermidor et d'autres événements détrompent chaque fois cette attente.

Nous avons donc affaire à une succession de révolutions.

L'expression que nous employons couramment de Révolution, au singulier, est trompeuse car si elle exprime ce qui fait l'identité de la période, elle dissimule cette succession de révolutions, qui se font suite dans les années qui vont de la convocation des États généraux au 18 Brumaire (nous laisserons de côté, pour l'instant, la question de savoir si la période qu'inaugure le coup d'État de Brumaire prolonge la Révolution ou en marque irrévocablement la fin).

On distingue plusieurs phases nettement individualisées qui sont comme autant de révolutions dont chacune a son esprit, se propose un programme, se fixe des objectifs. Chaque révolution a aussi son personnel, s'appuie sur une couche sociale de préférence aux autres et laisse un héritage, des institutions, des procédés de gouvernement qui concourent à la différencier des autres phases.

1. Comme phase préliminaire, la crise prérévolutionnaire oppose au pouvoir royal la résistance des privilégiés par le truchement de l'Assemblée des notables, des États provinciaux, des Parlements. Elle est caractérisée par la rébellion contre l'absolutisme et ses agents locaux, les intendants.

2. S'ouvre ensuite la Révolution proprement dite, quand les États généraux décident de se transformer en Assemblée nationale, qu'ils prennent la résolution de ne pas se séparer avant d'avoir donné à la France une constitution, dont ils entreprennent l'élaboration. C'est le moment décisif de la Révolution, celui où s'opère le transfert de la souveraineté qui cesse d'être identifiée à la personne du roi et réside désormais dans la représentation de la nation, mettant ainsi fin à des siècles de monarchie. Cette révolution, qu'on appelle souvent la révolution des juristes, mérite doublement son appellation puisque, d'une part, elle est faite par des hommes de loi et que, d'autre part, l'acte même est d'essence juridique.

L'Assemblée constituante entreprend de donner à la

France de nouvelles institutions ; la réorganisation ne laisse à l'écart aucun secteur : aussi, dans la nuit du 4 août, s'en prend-elle à l'ordre social avec le vote de décrets qui consomment la ruine de la féodalité.

Cette première révolution est plus antinobiliaire qu'antimonarchique, puisque, tout en limitant les pouvoirs du roi, elle n'en conserve pas moins le principe de la monarchie dans le nouveau régime et tente de concilier ainsi l'institution royale héritée du passé et les aspirations de la France moderne.

Son inspiration est essentiellement individualiste et libérale, les deux termes étant à peu près synonymes : toute l'œuvre de la Constituante, administrative, sociale, financière, judiciaire, en porte la marque.

3. Cette première phase révolutionnaire est bientôt suivie d'une seconde que rien n'annonçait ni dans les intentions ni dans les dispositions de la première. Elle débute avec la journée populaire du 10 août 1792, renverse la monarchie, exécute le monarque et proclame la République.

Plus radicale, elle va beaucoup plus loin que la précédente dans tous les domaines, qu'ils soient politiques, sociaux, religieux ou économiques, et se caractérise par une poussée démocratique. C'est l'occasion de rappeler la distinction capitale entre libéralisme et démocratie qui, pour avoir des éléments communs, n'en sont pas moins profondément différents. La première révolution, celle de la Constituante, était libérale. La seconde déborde le libéralisme : elle tend à effacer les différences sociales, supprime la distinction censitaire sur laquelle reposait, sous le régime de la constitution de 1791, l'exercice des droits politiques.

Populaire, elle l'est aussi par ses acteurs. Alors que la première a été faite par une bourgeoisie aisée de robins qui peuple ensuite les administrations départementales et municipales, la seconde est l'œuvre du petit peuple de Paris, des sections, des sans-culottes.

La première employait des procédés modérés, tandis que la seconde ne répugne pas à recourir à des solutions extrêmes si les circonstances, intérieures comme extérieures, lui paraissent l'exiger; la Terreur est un aspect de cette révolution.

Différence aussi au plan des institutions politiques et administratives : la première révolution libérale a supprimé tous les agents du pouvoir central quand la seconde, en partie parce que les circonstances l'y contraignent, s'engage dans une tout autre direction, revenant sur les initiatives décentralisatrices de 1789-1791 et établissant un gouvernement concentré, autoritaire, qui ne le cède en rien à l'absolutisme de la monarchie. Le gouvernement révolutionnaire allie ainsi une politique d'inspiration démocratique et un pouvoir fort, débarrassé de toutes les entraves que la monarchie n'avait pas réussi à extirper, le tout subordonné à la notion du salut public qui est la forme moderne de la raison d'État. Il en est ainsi jusqu'au 9 thermidor.

4. En marge de l'histoire classique telle qu'elle s'écrit en fonction des débats des assemblées ou de l'agitation parisienne, une révolution provinciale se développe. Faisant écho, dans l'été 1789, aux événements du 14 juillet, une révolution municipale substitue dans les villes des pouvoirs nouveaux aux municipalités traditionnelles. Dans les campagnes, une révolution paysanne, dont les objectifs sont proprement agraires, poursuit son cours pour l'émancipation complète de la terre et la libération de l'individu par la suppression des survivances de la féodalité, et notamment de ces droits féodaux que la réaction nobiliaire fait abhorrer davantage. C'est un mouvement autonome qui a son programme, ses acteurs, et dont le rythme ne coïncide pas avec celui de la révolution parisienne. La

révolution agraire s'opère par poussées successives, sacca-
dées, dont la première est la Grande Peur, une sorte de
jacquerie qui réussit par la peur qu'elle inspire aux seigneurs
et à l'Assemblée qui jette du lest en promettant — à terme —
l'abolition des droits seigneuriaux. D'autres poussées spas-
modiques aboutiront en 1793 à la suppression avec effet
immédiat de ces droits dont la Constituante avait prévu
l'extinction graduelle par rachat.

Quelques historiens ont récemment attiré l'attention sur
une révolution plus avancée, et plus radicale, menée par les
Enragés, faction extrémiste plus à gauche que les sans-
culottes et les jacobins, qui rêve d'une refonte totale de
l'ordre social et de la suppression de toute inégalité. Le
mouvement de Babeuf enfin, quoique distinct, se situe dans
le prolongement.

Après le 9 thermidor, l'histoire de la Révolution perd
cette belle simplicité que lui conférait la dramatisation de
la lutte entre les factions. La ligne générale s'altère et s'em-
brouille comme si la Révolution hésitait. Elle suspend sa
marche, revient en arrière, tâtonne, en proie à des sollici-
tations contraires. La Convention thermidorienne, puis le
Directoire oscillent entre la restauration du passé et l'accen-
tuation de la Révolution. Les deux régimes ont plus de
parenté avec la première phase — celle de la Constituante —
qu'avec la phase postérieure au 10 août 1792; le parallèle est
classique entre les deux constitutions, de 1795 ou de l'an III
et de 1791, comme entre les deux politiques économiques
et sociales. Les thermidoriens reviennent au libéralisme dont
s'inspiraient les constituants et abandonnent sans regret
la politique démocratique avancée, pratiquée par les montagnards. Si nous formulons cette observation en termes de
forces sociales, nous dirons, mais avec de grandes précautions,
que la Révolution, après Thermidor, redevient bourgeoise,
par opposition à la révolution populaire entre 1792 et 1794.

Le régime oscille entre deux périls, celui de la contre-révolution royaliste et celui du jacobinisme ou, comme on dit à l'époque, la « queue de Robespierre ». Bonaparte les départage et le 18 Brumaire marque la fin de dix années de rebondissements successifs.

Ainsi la France s'engage en 1789 dans une mutation radicale et la Révolution s'opère par rebondissements successifs. Révolution à répétitions, pourrait-on dire, dont les différentes phases sont séparées les unes des autres par autant de ruptures de la légalité : 10 août 1792, Thermidor, journées du Directoire. Ces ruptures se rattachent à deux types nettement différenciés : journées populaires et coups d'État.

2. Les facteurs du processus révolutionnaire

On peut en discerner de deux ordres : d'une part, une série de facteurs largement indépendants de la volonté des hommes, qui pèsent sur eux bien plus que ceux-ci ne les contrôlent, et qui sont de l'ordre de la contrainte, de ce que Saint-Just appelle « la force des choses »; d'autre part, des facteurs plus personnels, qui tiennent davantage au caractère des acteurs, à leurs ambitions, à leurs convictions. En bref, on peut distinguer les facteurs objectifs et les facteurs psychologiques.

Le problème des subsistances.

Nous avons déjà vu la contrainte que le volume des ressources alimentaires exerce sur les possibilités démographiques; nous en analyserons maintenant les conséquences politiques. La Révolution n'échappe point à la disette et, à plusieurs reprises, les masses ont souffert de la faim, car les denrées sont rares et les prix inabordables. L'incertitude des arrivages, avec la psychologie des foules révolutionnaires, engendre la nervosité, l'irritation et concourt au sentiment d'insécurité. Nous retrouverons cette situation en d'autres circonstances analogues avec la révolution soviétique entre 1917 et 1922, par exemple, qui a subi, elle aussi, les répercussions de la famine.

Plusieurs sortes d'indices révèlent le lien entre la question des subsistances et le déroulement politique. C'est, par exemple, la place faite dans les mots d'ordre aux revendications relatives aux approvisionnements. Aux journées d'octobre 89, c'est parce que le ravitaillement n'arrive point qu'une foule se met en marche vers Versailles. Elle espère, en ramenant le roi à Paris et en le soustrayant à un entourage présumé hostile, assurer le succès de la Révolution et garantir l'arrivée régulière des convois de farine. On se rappelle les sobriquets familiers dont est affublée la famille royale : le boulanger, la boulangère, et le petit mitron. Au temps de la Convention thermidorienne (1795), lors des journées de la misère, c'est au cri de « Du pain et la constitution de l'an I » que la foule envahit la salle des séances, associant une revendication politique à un mot d'ordre intéressant l'approvisionnement.

On trouve un autre indice dans le synchronisme des

calendriers. La plupart des mouvements populaires se produisent à des moments où la soudure n'est pas encore faite entre les stocks de la récolte précédente, déjà épuisés, et la moisson nouvelle. C'est dans le courant de l'été, quand les minotiers n'ont plus de farine, que les boulangers sont démunis, qu'éclatent les mouvements en faveur de la terreur, dont on espère une solution satisfaisante du problème des subsistances (septembre 1792, septembre 1793).

La Révolution est ainsi faite de rebondissements qui ne sont généralement ni prévus ni souhaités. La fièvre, la nervosité de la population parisienne jouent un rôle accélérateur; elles poussent sur le devant de la scène la faction disposée à adopter des mesures extrêmes et si les montagnards l'emportent sur les girondins, c'est parce que le peuple leur fait confiance pour assurer le ravitaillement.

La peur.

La peur, sous toutes ses formes, affecte tour à tour toutes les catégories et tous les partis politiques; c'est une peur tantôt spontanée, impulsive, irraisonnée (Grande Peur), tantôt utilisée, suscitée par des factions, exploitée, comme un puissant ressort politique. Les deux partis, contre-révolutionnaire et révolutionnaire, en ont usé. Les émigrés essaient l'intimidation — ainsi le manifeste de Brunswick menace-t-il d'une subversion totale la ville de Paris, ils comptent sur la peur pour décourager les révolutionnaires ou pour les isoler. En sens inverse, les révolutionnaires usent de la Terreur contre leurs adversaires. Cette dialectique des peurs symétriques et antagonistes, de la terreur et de la contre-terreur, tient une place très importante dans le déroulement de la Révolution.

La guerre.

De tous les facteurs, la guerre est peut-être le plus déterminant, bien qu'il n'ait joué aucun rôle au départ puisque jusqu'en 1792 la France vit en paix. En 1790, la Constituante a solennellement déclaré la paix au monde et l'on n'imagine pas que cette situation cesse. Mais le 20 avril 1792, l'Assemblée législative déclare la guerre au roi de Bohême et de Hongrie et dès lors, une donnée nouvelle est introduite qui va modifier le système des rapports et déclencher des conséquences incalculables.

L'initiative de faire la guerre à certains souverains a pour première conséquence que le sort de la Révolution dépend dorénavant non plus de la seule décision des assemblées mais de la conduite de la guerre et du hasard des combats. Un lien s'établit, une solidarité d'intérêts, entre le cours de la Révolution à l'intérieur et les vicissitudes de la guerre aux frontières.

Le développement naturel de la Révolution en est altéré et le gouvernement révolutionnaire en est la conséquence directe. Si la Révolution doit, à partir de 1792-1793, reconstituer un pouvoir central autoritaire, à l'encontre des espérances de 1790, c'est la guerre qui l'y contraint. Les conditions d'exercice du pouvoir sont profondément modifiées, les garanties suspendues, les libertés individuelles mises entre parenthèses. La Terreur sort de la guerre.

En reprenant toute l'histoire des institutions et de l'administration, on voit qu'il n'est pas de décisions ou d'événements qui ne soient des incidences de la guerre, jusqu'au 18 Brumaire lui-même. Robespierre l'avait bien vu et dans le débat dont sort la déclaration de guerre en avril 1792, il est un des rares à s'y opposer : de la guerre sortira la dictature.

La question religieuse.

Sur les rapports entre la question religieuse et la Révolution, deux thèses s'opposent. Selon la première, la Révolution étant foncièrement antireligieuse, et son inspiration intrinsèquement antichrétienne, elle devait faire la guerre à l'Église et elle ne fait qu'en tirer les conséquences, lorsqu'elle persécute l'Église, jette les prêtres en prison ou les massacre; l'autre interprétation réduit la portée du conflit entre la Révolution et l'Église à un accident. Au départ, les révolutionnaires ne se proposaient pas de déchristianiser la France, mais, au contraire, de reconstruire la France nouvelle autour du christianisme; une succession de malentendus a conduit au schisme.

La vérité se situe entre ces deux thèses extrêmes. Il est vrai que la Révolution, au début, n'est pas antireligieuse, même si elle est anticléricale. Pourtant, conclure au simple accident, c'est minimiser la portée des premiers événements. Si les révolutionnaires ont voulu régénérer l'Église, c'est qu'ils méconnaissaient la constitution propre de la société religieuse et leur initiative ne pouvait conduire qu'à une rupture. La constitution civile du clergé comportait des dispositions inacceptables parce qu'elles portaient atteinte à la structure hiérarchique de l'Église et aux liens entre l'Église gallicane et Rome. Ensuite, un enchaînement apparemment inéluctable de causes et d'effets a entraîné la condamnation de la constitution civile du clergé par le pape, le schisme et la persécution. Quoi qu'il en soit, la rupture a eu des conséquences incalculables, sur la Révolution même, puisque les catholiques ont été rejetés en bloc dans le camp de la contre-révolution alors que le bas clergé avait apporté au tiers un appoint très précieux et que l'alliance du tiers et du clergé avait permis la Révolution.

Les conséquences à long terme dépasseront la période révolutionnaire puisque le conflit entre la Révolution et l'Église catholique pèsera un siècle et demi sur l'Europe entière : c'est le divorce entre la France chrétienne du passé et la France nouvelle. De la Restauration à la troisième République, les deux France se combattront, divisant profondément la société française. Dans le conflit qui oppose au XIXe siècle les catholiques aux démocrates, il y a la classique compétition pour le pouvoir (telle celle opposant Louis XIV à Rome) mais encore une épreuve de force entre deux conceptions, l'affrontement de deux philosophies politiques, de deux sociétés.

L'ensemble de ces facteurs explique la plupart des rebondissements et des surprises que le déroulement de la Révolution a ménagés aux contemporains.

LES VOLONTÉS ET LES PASSIONS

A ces facteurs objectifs, s'en ajoutent d'autres plus subjectifs, proprement humains, psychologiques ou politiques.

En effet, du côté des détenteurs du pouvoir, il faut faire état de la mauvaise volonté et des réticences du souverain, des intrigues de la cour, du complot aristocratique comme on dit en 1789, du tort que les émigrés ont fait à la couronne, du double jeu du roi et de la politique du pire pratiquée par des contre-révolutionnaires convaincus que du pire sortirait ensuite le meilleur. Ces intrigues, éventées ou devinées, ont jeté la suspicion et ont beaucoup fait pour déraciner dans l'opinion le loyalisme monarchique. Dans le camp adverse ont joué les arrière-pensées de révolutionnaires désireux d'aller plus loin, les dissentiments, les rivalités de personnes et de groupes, les luttes de factions que le cours des événements, les problèmes nés de la guerre ont à la fois révélés et accentués par une interaction permanente entre les problèmes objectifs posés aux responsables et les sentiments des hommes.

Cette interaction explique ces dix années de rebondissements. C'est la convergence de tous ces facteurs qui imprime à l'histoire de la Révolution son allure saccadée, qui en a fait une période intensément dramatique et qui a accrédité le sentiment qu'une mystérieuse fatalité était à l'œuvre.

Telles sont — pour autant qu'il soit possible de réduire une histoire aussi complexe et mouvementée à un petit nombre de facteurs — les principales clés du déroulement de la Révolution.

3. La Révolution et l'Europe

Les événements dont la France est le théâtre ont affecté l'Europe et même une partie du monde. Comment l'influence de la Révolution s'est-elle ainsi étendue à d'autres? C'est ce qu'il faut examiner pour prendre la dimension de l'événement. La réponse est liée à l'étude des rapports circonstanciels, diplomatiques ou militaires, entre la France de la Révolution et l'Europe qui sont passés par plusieurs phases dont chacune a marqué une étape dans la diffusion des idées révolutionnaires.

La première étape.

La première étape va de 1789 à la déclaration de guerre (20 avril 1792). Dans un premier temps, les événements de France suscitent au-delà des frontières la commisération des souverains, la curiosité et la sympathie d'une partie de l'opinion. Presque tout ce que l'Europe compte de grands esprits a, sur-le-champ, discerné l'importance et la nouveauté de l'événement; en portent témoignage les jugements qu'on rapporte de Kant, de Gœthe, d'autres encore. L'opinion éclairée a eu d'emblée le sentiment que s'ouvrait une ère nouvelle de l'histoire européenne. Cette compréhension a été facilitée par le cosmopolitisme européen, la circulation d'idées faisant de l'Europe une sorte de patrie commune à l'intérieur de laquelle les expériences, les écrits, les idées des philosophes trouvaient une résonance universelle. Or ce cosmopolitisme était dominé par l'influence de la France, et la langue française étant au xviiie siècle le véhicule des idées et des écrits, l'Europe cultivée parle et pense en français. Elle est donc préparée à prêter attention aux événements de France.

De son côté, la Révolution française n'est pas repliée sur elle-même; d'emblée, elle entend, elle espère agir pour le monde, et, en conséquence, s'adresse à lui. De fait, les événements de France exercent bientôt sur ses voisins une certaine contagion, déclenchent des réactions en chaîne; les peuples s'agitent dont certains n'ont pas attendu 1789. Ainsi les sujets du pape à Avignon et dans le comtat Venaissin demandent leur rattachement à la France, les sujets du roi de Sardaigne en Savoie en font autant. Ailleurs, même en des pays qui n'ont pas de frontières communes avec la France, des mouvements rénovateurs surgissent : la Pologne stimulée par l'exemple français abolit le *liberum veto* qui paralysait le pouvoir et mettait l'indépendance du pays à la merci de ses voisins, et se donne une constitution (3 mai 1791). Un peu partout, des mouvements se dessinent contre les princes, les seigneurs, les évêques, contre les privilèges. La Révolution cesse vite d'être proprement française. On peut déjà parler d'une révolution de l'Europe occidentale.

La deuxième étape.

La deuxième étape, conséquence de la première, est la rupture entre la France et les souverains, contenue en germe dans la contagion qu'exerce le modèle révolutionnaire. Cette seconde période (1792-1799) se caractérise par la guerre. Les souverains, inquiets pour leur autorité, pressentent la gravité du danger, perçoivent la nécessité d'étouffer la Révolution dans l'œuf, le salut de l'ordre établi exigeant que la Révolution soit écrasée en France même, alors que de son côté la Révolution est conduite à faire la guerre aux « despotes ».

La guerre est d'un genre relativement neuf. Auparavant, les relations internationales de l'Ancien Régime se caractérisant par le principe dynastique, les pays se faisaient la guerre pour des acquisitions territoriales limitées; avec la guerre entre la Révolution et l'Europe apparaît une guerre de type idéologique. C'est une croisade contre l'Ancien Régime que la Révolution engage; elle ne se borne pas à repousser l'envahisseur, elle passe à l'offensive et entreprend une guerre de libération. La France des girondins annonce qu'elle portera assistance à tous les peuples qui veulent se libérer de la tyrannie.

La nature de cette guerre entraîne une dissociation des communautés politiques. La ligne de partage entre révolutionnaires et contre-révolutionnaires passe désormais à l'intérieur de chaque peuple. En France même, des Français combattent la Révolution, se rangent aux côtés de ses adversaires tandis que les souverains trouvent contre eux une partie de leurs sujets révoltés qui épousent la cause des armées révolutionnaires. Quand les armées françaises pénètrent dans la vallée du Rhin ou en Italie du Nord, elles sont accueillies avec sympathie et même enthousiasme, par une partie de la population. On trouve des jacobins même dans les pays où les Français n'ont jamais pénétré, comme en Angleterre ou en Hongrie. L'opinion se reclasse en fonction de préférences idéologiques qui prennent le pas sur l'attachement au sol et la fidélité dynastique.

Entre les souverains et la Révolution, la lutte est inégale. L'Europe coalisée, regroupant plusieurs États, plus peuplée, devrait normalement l'emporter, et pourtant, le véritable rapport des forces est à l'avantage de la Révolution qui est plus apte à conduire jusqu'à la victoire cette guerre d'un type nouveau. L'Ancien Régime est incapable d'adopter et même de concevoir la même stratégie que la Révolution. Les souverains gardent les anciennes méthodes diplomatiques, militaires, tandis que la Révolution innove, recourt à des moyens inédits, plus efficaces. Elle enrôle la nation et rétablit ainsi l'équilibre en jetant contre des armées de métier peu nombreuses les masses mobilisées et surtout motivées.

La Révolution redresse la situation, reconduit aux frontières les envahisseurs, pénètre à son tour en territoire étranger, annexe, occupe, transforme politiquement et socialement. La voilà conquérante. L'invasion, la guerre, l'occupation entraînent l'abolition de l'Ancien Régime. Partout les ordres sont supprimés, la féodalité abolie, les corporations dissoutes, les congrégations dispersées, l'État sécularisé, l'égalité civile proclamée et les institutions de la France révolutionnaire introduites.

Le Directoire provoque la formation des républiques-sœurs, création qui répond à deux préoccupations : l'une, purement militaire, tend à disposer autour de la France un glacis protecteur, l'autre, dont la portée est plus lointaine, à préparer la transformation de l'Europe. La première de ces républiques-sœurs est la République batave qui succède aux Provinces-Unies ; sa naissance donne satisfaction aux

aspirations unitaires et populaires depuis longtemps conte-
nues par la bourgeoisie patricienne. Mais l'Italie est le
lieu privilégié de la floraison de ces républiques, cisalpine,
ligurienne — l'ancienne république de Gênes —, romaine,
héritière des États de l'Église, parthénopéenne qui prend la
suite du royaume de Naples. Viendra ensuite la République
helvétique.

La Révolution, par une sorte de logique inexorable, après
avoir déclaré la paix au monde, a été conduite à faire la
guerre à l'Europe : luttant pour sa sécurité, elle est passée à
l'offensive et a révolutionné la moitié du continent.

La troisième étape.

La troisième étape est dominée par la personnalité de
Napoléon dont l'action, sur ce plan, ne marque pas de
rupture avec la Révolution mais l'extension de l'œuvre
entreprise par les assemblées et les directeurs. Napoléon
conjugue la guerre et l'administration, l'action des préfets
et la présence des troupes.

La Révolution n'avait pas eu le temps de pousser au-delà
de la rive gauche du Rhin et de l'Italie. Napoléon étend son
domaine jusqu'aux extrémités de l'Europe, de la péninsule
ibérique à la Pologne et des provinces illyriennes jusqu'au
Danemark. De nombreux États sont annexés à la France
ou placés sous tutelle. Le Grand Empire, à son apogée, en
1810-1811, couvre la moitié de l'Europe et la France compte
130 départements. L'Europe est alors profondément remaniée, ses frontières bousculées et les États regroupés dans des
ensembles nouveaux.

Partout Napoléon introduit les principes et les institutions révolutionnaires, la vieille société traditionnelle des
ordres disparaît, le clergé et l'aristocratie perdent leurs
privilèges, leur représentation et leurs biens, le servage est

aboli, l'homme libéré, la terre affranchie. Bourgeoisie et classes moyennes voient s'ouvrir à elles des champs nouveaux d'activité et d'initiative. Une société nouvelle est née dans tous les pays occupés et administrés par la France.

Parallèlement, Napoléon introduit les méthodes de l'administration moderne. Le découpage territorial adopté pour la France en 1800 est étendu à l'Allemagne et à l'Italie avec les départements et à leur tête des préfets, les corps techniques, l'administration financière, la magistrature, les ponts et chaussées. Une large partie de l'Europe, soumise à l'hégémonie française, se trouve de ce fait politiquement, socialement, administrativement unifiée, le blocus continental renforçant encore l'homogénéité de ce bloc. Sans doute l'expérience a-t-elle été trop brève pour que cette unification soit durable, mais elle a suffi pourtant à rendre irréversibles plusieurs changements.

Cette unification accentue encore la différence entre deux Europes. A quelques exceptions près, la ligne de partage entre l'Europe napoléonienne et l'autre coïncide avec la vieille ligne de démarcation déjà esquissée à plusieurs reprises entre l'Europe tournée vers l'extérieur et l'Europe repliée sur elle-même, l'Europe des sociétés maritimes et l'Europe des sociétés terriennes, l'Europe de la monarchie absolue et de la bourgeoisie et l'Europe du despotisme éclairé. La coupure que trace la séparation entre les territoires occupés et transformés par la France, et les autres, aggrave le décalage chronologique et accentue la disparité des évolutions.

3

L'œuvre de la Révolution

Quel est le bilan de la Révolution, en quoi a-t-elle changé l'ordre des choses?

Deux réflexions préliminaires commandent la suite.

1. En premier lieu, de ce que la Révolution a entrepris tout n'a pas duré; de ce qu'elle a ébauché beaucoup a disparu dans le naufrage de 1814. Cette inégalité dans la fortune et la durée s'explique par plusieurs raisons. La Révolution n'a pas toujours été aussi heureusement inspirée; ses projets étaient souvent utopiques, parfois proprement rétrogrades. En effet, la Révolution n'est pas toute tournée vers l'avenir; elle nourrit aussi un rêve nostalgique de l'âge d'or et des républiques d'autrefois. Cette part de chimère ne devait pas survivre à la Révolution. A l'inverse, certaines idées, certaines expériences ont souffert d'être en avance sur leur temps; certains aspects de la politique économique, par exemple, étaient prématurés. Parmi les innovations de la Révolution, beaucoup disparaîtront à la Restauration, mais pas pour toujours et l'on pourrait presque décrire toute l'histoire du XIXe siècle comme la redécouverte progressive des anticipations de la Révolution ou écrire l'histoire de la Révolution comme celle d'une série d'intuitions prophétiques et d'annonces qui ne s'accompliront qu'un demi-siècle ou un siècle plus tard.

Pour l'instant, nous importe le bilan positif de ce qui demeure au lendemain de la tourmente révolutionnaire, l'inventaire objectif de ce qui a résisté à l'épreuve des faits et au choc en retour de la Restauration au lendemain de la Révolution.

2. L'expression même appelle la seconde observation : « au lendemain de la Révolution », qu'est-ce à dire? Quand la Révolution finit-elle? Où commence son lendemain? Au 18 Brumaire? En 1814, en 1815, à la première ou à la seconde abdication de l'empereur?

Quelle est la place de Napoléon par rapport à l'histoire de la Révolution? En d'autres termes, Bonaparte prolonge-t-il la Révolution ou la détruit-il? Est-il son héritier ou son fossoyeur?

La réponse est si peu évidente que, depuis, deux interprétations contradictoires s'opposent.

La première souligne la rupture et postule que Napoléon a assassiné la Révolution. Le 18 Brumaire est un coup de force dirigé contre la légalité. Napoléon est un tyran qui a violé la constitution, dispersé les assemblées, confisqué la liberté. C'est ainsi qu'il apparaît aux membres des Conseils et c'est ainsi que le voient les jacobins qui conspirent entre 1800 et 1804 contre son pouvoir. Le second Empire, et les circonstances de son établissement, le coup d'État du 2 décembre, la persécution des républicains ont rétrospectivement corroboré cette version et renforcé la corrélation entre Napoléon et la tyrannie.

Napoléon a indéniablement renversé le régime légal et confisqué la liberté. Si la Révolution s'identifie à la liberté de l'individu, la conclusion n'est pas douteuse : Napoléon est l'ennemi de la Révolution. Mais la diversité des mouvements révolutionnaires suggère que la Révolution ne se réduit pas au respect de la liberté individuelle, si peu même que tout un chapitre de l'histoire proprement révolutionnaire, celui qui s'ouvre au soir du 10 août 1792 et que caractérisent la Terreur et le gouvernement révolutionnaire, fait peu de cas des libertés.

On conçoit donc qu'une seconde version présente une interprétation tout à fait différente de la personne de Napoléon, de ses idées et de son rôle historique, mette l'accent sur la continuité, fasse de Napoléon l'héritier, le soldat, le défenseur, le martyr même de la Révolution. Les souverains exècrent en lui l'homme qui a consolidé l'œuvre de la Révolution et lui-même a plus que quiconque contribué à fixer cette version avec le *Mémorial*. Si l'on considère moins l'homme que l'œuvre, la seconde version a plus de force que la première : Napoléon a consolidé l'œuvre de la Révolution car, en en retranchant ce qu'elle avait d'excessif ou de contestable, il lui a assuré la possibilité de durer.

Ainsi, pour dresser le bilan des transformations et décrire l'œuvre de la Révolution, ce n'est pas en 1799 qu'il faut se placer ; car alors l'œuvre de la Révolution est en suspens et son avenir dépend de la refonte consulaire. Sans qu'il soit nécessaire de descendre jusqu'en 1814, il faut pourtant inclure la période consulaire puisque ce sont les grandes lois de 1800-1802 qui achèvent de stabiliser l'héritage de la Révolution et qui donnent à la France nouvelle sa physionomie définitive.

La Révolution ayant touché à tout, nous passerons en revue les principaux secteurs de la vie collective qui seront répartis en cinq chapitres.

Le premier relatif à l'organisation du pouvoir et à l'État, dans lequel nous étudierons les formes politiques de l'Ancien Régime, ce qui en subsiste et ce qui a disparu ; en second lieu, à un niveau inférieur, nous analyserons l'administration, les moyens d'action du pouvoir, ces deux premiers chapitres ayant en commun de concerner tous deux le gouvernement des hommes ; la troisième partie aura trait aux relations entre religion et société, Église et État ; le quatrième chapitre, sans doute le plus important, concerne l'ordre social issu de la Révolution ; et en dernier lieu, nous verrons

ce que la Révolution a apporté à l'idée nationale, au sentiment patriotique, aux relations internationales, à la diplomatie et à la guerre.

1. L'État

La Révolution affecte et les principes de l'organisation
politique et les pratiques de la vie politique.

ÉVOLUTION DE LA NOTION DE POLITIQUE

Avec la Révolution, la notion même de politique est
changée et notre notion moderne, même si elle a subi depuis
un certain nombre d'avatars, en procède en droite ligne.
La comparaison avec ce qu'était la politique avant la Révolution fera mieux ressortir cette nouveauté.

Comparaison avec l'Ancien Régime.

1. Sous l'Ancien Régime, la politique est un domaine
réservé à un petit nombre de personnes : seuls en connaissent
et en décident quelques individus, en raison de leur naissance,
dans les régimes oligarchiques, ou parce qu'ils jouissent
de la confiance du prince, dans les régimes monarchiques.
De toute façon, ce n'est qu'une minorité restreinte. Le
secret enveloppe les décisions.

Avec la Révolution, la politique devient la chose de tous,
la chose publique. C'est une des significations du mot même
de république qui se substitue à la monarchie, et c'est en
raison du transfert de souveraineté que la politique concerne
désormais tout un chacun, que tous les citoyens ont droit

d'être informés et même le devoir de s'informer. Pareille évolution entraîne des conséquences capitales dont la publicité des décisions, la liberté de la presse, la publicité des travaux parlementaires. Elle appelle le gouvernement d'opinion.

Élargissement du champ de la politique.

2. Le second changement concerne l'élargissement du champ de la politique qui se dilate brusquement et s'étend à toutes sortes d'activités qui, jusque-là, ne relevaient pas de l'action des pouvoirs publics, puisque sous l'Ancien Régime, la politique comportait essentiellement le maintien de l'ordre, la justice, la défense et la diplomatie.

Avec la Révolution, les responsabilités reconnues de la puissance publique englobent soudain des secteurs qui relevaient auparavant de l'initiative privée, individuelle ou collective : l'assistance publique, par exemple — et l'épithète est significative —, n'incombe plus exclusivement à l'Église ou à la charité privée. La société a des responsabilités et son devoir est de prendre en charge les indigents ; aussi l'Assemblée constituante forme-t-elle un comité de mendicité. De même, et l'exemple est plus net encore, l'instruction publique ne relève plus de l'Église ou des congrégations mais incombe désormais aux pouvoirs publics. Ce sont les prémices de l'évolution qui conduira par étapes les États à s'occuper de l'enseignement.

L'affirmation que le bonheur est un droit de l'individu et une responsabilité de l'État, étend à l'infini le domaine des attributions publiques. Si les citoyens sont malheureux, les pouvoirs publics en sont tenus pour partiellement responsables et c'est donc à eux de faire en sorte que la situation se modifie. C'est le germe de tous les développements qui étendront le champ d'activité et les tâches de l'État.

Importance accrue de la politique.

3. Publicité des débats et extension de la politique à toute sorte de domaines qui relevaient auparavant du privé, ces deux évolutions ont pour commune résultante la promotion de la politique en dignité morale et en importance psychologique. C'est depuis la Révolution que la politique apparaît comme une des activités les plus hautes — peut-être l'activité suprême — mais aussi des plus disputées, de toute société organisée. C'est précisément en raison de cette importance accrue et de ses conséquences que les décisions politiques donnent lieu à des contestations passionnées; c'est ce qui inspire à Napoléon ce mot : « Aujourd'hui la tragédie, c'est la politique », signifiant par là que la politique présente souvent un caractère dramatique, propre à retenir l'attention et à satisfaire la curiosité jusque-là suscitée par les drames qui empruntaient aux fictions du passé, mais signifiant aussi que la vie des individus comme des sociétés est en jeu.

Notre manière de poser les problèmes en termes d'affrontement date de la Révolution qui, d'une certaine manière, a provoqué un transfert de passions jadis mobilisées par les affrontements religieux. Le caractère conflictuel de notre vie politique, les antagonismes qui déchirent nos sociétés, tout cela procède de cette nouvelle notion de politique qui marque une mutation profonde dans la conception de l'État et de son rôle.

LES PRATIQUES

Le principe sans les modalités aurait été de peu d'influence. Aussi la Révolution a-t-elle expérimenté toute une gamme de moyens que l'on n'a guère fait depuis que reprendre et généraliser.

La consultation populaire, par voie d'élections.

La Révolution a pratiqué l'élection sur une très grande échelle, elle est même allée d'un coup plus loin que n'iront les expériences ultérieures. Avec la Constituante, la Révolution recourt à l'élection, non pas seulement pour le choix des représentants de la nation — ce qui va de soi —, mais pour la désignation de toutes les administrations — municipales et départementales; pour la justice — les magistrats sont choisis par la voie élective pour une durée limitée; pour le clergé même — la constitution civile du clergé ne prévoyait-elle pas qu'évêques et curés seraient élus par les électeurs? L'élection devient le procédé universel de désignation. Mais si le champ d'application de l'élection est universel, une fraction seulement des citoyens ont les droits politiques.

La délibération publique.

Les assemblées révolutionnaires doivent improviser un règlement, inventer des procédures de discussion, des modes de scrutin dont notre expérience parlementaire est encore tributaire.

Les nouveaux supports de la vie politique.

En marge des procédures régulières et officielles — élection, délibération d'assemblées représentatives —, la Révolution a aussi créé les supports de la vie politique dont, en premier lieu, la presse; c'est en effet sous la Révolution, entre 1789 et le 10 août, que la France a fait la première expérience de liberté complète de la presse, que, pour la première fois, les journalistes ont tenu une grande place dans la vie politique. Nombre d'hommes politiques ont dû leur influence à ce qu'ils étaient en même temps directeur de journal, ou parce qu'ils y ont trouvé un moyen d'action, les Camille Desmoulins, les Brissot, les Marat. Désormais — et nous aurons l'occasion au XIXᵉ siècle de le vérifier —, il y a un lien étroit entre activité journalistique et activité politique, entre la liberté de la presse et la liberté politique.

A côté des journaux, les groupements offrent un relais entre les assemblées et les citoyens; clubs, sections, sociétés populaires sont autant de centres vivants et nerveux de la vie politique, les moteurs des journées populaires. C'est là que se fait l'éducation politique et que s'établit une certaine participation du citoyen à la décision. Ce sont les ancêtres de nos partis modernes. C'est à cette époque qu'apparaissent pour la première fois le militant, les luttes de partis, tout le système des rapports entre partis politiques et pouvoirs publics.

De tout cela, la Révolution a été la première à faire l'expérience, mais une expérience précaire. La liberté de la presse vivra deux ou trois années au plus, des journées d'octobre au 10 août, et les clubs sont dissous au lendemain du 9 thermidor. Cependant, si brève qu'ait été cette expérience, elle constitue pour l'avenir une anticipation grosse de conséquences. Plus tard, dans un cadre plus stable, moins exposé aux poussées de violence, on verra resurgir, se développer et s'organiser par étapes la liberté de la presse, de la Restauration à la troisième République, avec la grande loi sur la presse de 1881 qui représente l'aboutissement de quatre-vingt-dix années de tentatives et d'expériences.

2. L'organisation administrative

Après les organes de la décision politique, ses moyens d'exécution. L'organisation administrative constitue le relais par lequel la décision politique devient une réalité qui modèle l'existence des individus.

Pour les institutions et la vie politique la période déterminante a été celle des débuts avec Assemblée constituante et gouvernement révolutionnaire : la période qui suit n'ajoute rien, elle défait plutôt, avec la dissolution des clubs et la langueur qui frappe la vie politique. En ce qui concerne l'administration, en revanche, les années décisives se situent entre 1798 et 1802. Relevons au passage l'anomalie de ces deux dates qui chevauchent deux régimes — la fin du Directoire et le début du Consulat — que l'étude proprement politique tend à opposer et qui sont plus parents qu'on ne l'imagine ordinairement. Cependant, dès avant 1798 la Révolution était engagée dans une série d'expériences dont rien n'a survécu mais qui constitue peut-être la meilleure illustration de la suite de révolutions d'inspirations nettement différentes.

L'œuvre de l'Assemblée constituante.

L'Assemblée constituante dirige son élan libéral dans l'ordre administratif contre l'absolutisme monarchique et ses agents. Elle s'en prend aux abus du système dont elle dénonce l'arbitraire, supprime les intendants, les parlements, en bref, tout l'appareil administratif laborieusement échafaudé depuis des siècles par la monarchie : rien n'en subsiste dès la fin de 1789. Elle réorganise alors l'appareil de fond en comble, adopte le cadre du département, transfère tous les pouvoirs administratifs aux élus des collectivités locales. Les administrations municipales et départementales, entièrement composées de membres élus, s'administrent librement, sans contrôle des représentants de l'État. C'est l'expérience la plus poussée de décentralisation que la France ait jamais connue mais, opérée à chaud, en pleine crise, elle engendre l'anarchie. Le pouvoir central n'est pas obéi, les administrations ne sont pas sûres; élues par un corps électoral censitaire, elles épousent, en 1793, la cause des girondins : l'insurrection fédéraliste a trouvé ses appuis principaux auprès des administrations départementales.

Le gouvernement révolutionnaire.

Les circonstances, c'est-à-dire les périls intérieurs et extérieurs, les luttes que la Révolution doit soutenir contre l'invasion, la guerre civile, imposent un renversement complet. Le gouvernement révolutionnaire, appuyé sur la Montagne, affirme l'unité et rétablit la centralisation. « La République une et indivisible » est le nouveau mot d'ordre. Réaction vitale dictée par l'instinct de conservation contre le péril mortel qu'entraîne la décentralisation. L'organisation établie par l'Assemblée constituante subsiste, mais on lui superpose le contrôle de représentants en mission, doublé par ce qu'on appellerait aujourd'hui une hiérarchie parallèle, le réseau des sociétés populaires. Les sociétés, affiliées au club des Jacobins, constituent une seconde administration qui contrôle la première, dénonce les fonctionnaires suspects et inefficaces, les destitue, les remplace. Cet appareil centralisé, qui fonctionne avec efficacité, est un des artisans de la victoire.

Le Directoire.

Après la décentralisation extrême de la Constituante, la réorganisation provisoire entreprise à coups d'expédients par le gouvernement révolutionnaire, le Directoire amorce une réorganisation appelée à durer et laisse une œuvre administrative qui est loin d'être négligeable. Le Directoire a une fâcheuse réputation qui n'est pas entièrement justifiée ; certaines de nos institutions datent du Directoire : le système fiscal sur lequel a vécu notre XIXᵉ siècle, celui appelé familièrement des *quatre vieilles* (impôt foncier, cote personnelle et mobilière, impôts sur les portes et fenêtres, patente), assurera l'essentiel des ressources de l'État, jusqu'à l'adoption de l'impôt sur le revenu, pendant la Première Guerre mondiale.

En ce qui concerne les institutions militaires, le Directoire adopte avec la loi Jourdan le système de la conscription qui répartit les conscrits en classes qu'on appelle à concurrence des besoins (1798), alors que la Révolution avait vécu à coups d'expédients, procédant par levées en masse et appels de volontaires.

Le Consulat.

Le Consulat arrête les oscillations et stabilise les institutions. Bonaparte opère un tri dans les expériences de la Révolution, en retient ce qui lui paraît viable, rétablit parfois ce qui lui semble devoir être restauré, amalgame le tout et jette les bases de l'administration moderne. Le chapitre administratif de la refonte consulaire est un de ses aspects les plus durables et trace le cadre où nous vivons encore. On a dit que Bonaparte avait donné à la France sa constitution administrative. Si les constitutions politiques du Consulat et de l'Empire n'ont pas survécu à Napoléon, la constitution administrative a été conservée par tous les régimes postérieurs. En en recensant les caractéristiques, nous dessinons les cadres de la société du XIXᵉ et du XXᵉ siècle.

La refonte consulaire établit une administration parfaitement centralisée : tout part de Paris, décisions, nominations, tout y aboutit, rapports, informations, demandes. L'administration centrale s'ordonne en un certain nombre de directions et de ministères, plus nombreux que sous l'Ancien Régime, et entre lesquels la répartition des tâches obéit à des divisions plus rationnelles. Ainsi, sous l'Ancien Régime, l'administration intérieure était morcelée entre les secrétaires d'État alors qu'il y a désormais un ministère de l'Intérieur.

L'administration est rigoureusement hiérarchisée, du haut en bas de l'échelle, tous les fonctionnaires sont nommés personnellement, tiennent leur autorité d'en haut, sont sujets à révocation, y compris les maires sous le Consulat et l'Empire. C'est dire à quel point le Consulat prend le contrepied de l'inspiration libérale de la première révolution. A la tête du département, le préfet a la haute main sur toutes les administrations de son département mais reste à la discrétion du pouvoir central.

L'administration est spécialisée puisque l'on trouve des administrations compétentes pour les finances, la justice, les ponts et chaussées, le culte (le clergé est fonctionnarisé en application du Concordat et des Articles organiques), l'enseignement même avec la création de l'Université napoléonienne.

Elle est uniformisée aussi. Toutes les administrations sont moulées dans les mêmes cadres territoriaux, les mêmes circonscriptions, communes, cantons, arrondissements, départements. Les ressorts sont désormais unifiés, toutes les administrations présentent des hiérarchies analogues (le décret de Messidor règle même les préséances entre elles).

Cette administration est servie par un corps de fonctionnaires dont le pouvoir est sûr, puisque c'est lui qui les nomme, les paie et les révoque. Le fonctionnaire est un type social nouveau : l'Ancien Régime ne connaissait que les officiers, propriétaires d'une charge qu'ils avaient achetée, et les commissaires qui avaient une lettre de commission.

Les fonctionnaires ne sont responsables que devant l'État pour leur activité et ils échappent au contrôle de la justice ordinaire; c'est là un autre trait original du système institué par Napoléon et qui s'inspire du reste d'une tradition juridique de l'Ancien Régime. A côté de la justice ordinaire qui connaît des litiges entre citoyens, il y a une justice administrative, seule compétente pour les actes de l'administration. Un juge ordinaire ne peut donc poursuivre un fonctionnaire en raison de son activité, ni même se prononcer sur le bien-fondé d'un arrêté préfectoral, moins encore d'une décision ministérielle.

Simplicité, uniformité, spécialité définissent un ordre administratif rationnel, géométrique, systématique, qui vise et atteint l'efficacité. Venant après la destruction révolutionnaire, l'ordre consulaire réalise ce que cherchaient patiemment l'Ancien Régime et le despotisme éclairé. La conjonction d'une révolution qui a fait table rase de tous les particularismes et fait disparaître les puissances secondes, et de Bonaparte aboutit à un État fort dont la puissance tempère le libéralisme éventuel des institutions politiques et de l'ordre social.

Cet ordre administratif, les armées de la Révolution et de l'Empire l'exportent hors de France; à Mayence ou à Rome, les préfets se comportent comme en France. Au-delà même du grand Empire, les autres pays le copient, car ils ont compris que cet ordre apporte l'efficacité, la rationalité, la puissance, que les despotes éclairés cherchaient à l'instar des monarques absolus. Au XIXe siècle, le modèle administratif conçu par Napoléon est étendu à l'Europe entière et même au-delà.

Ainsi dans le gouvernement des hommes, tant pour la politique que pour l'administration, la Révolution, prolongée par le génie administratif de Napoléon, a profondément modifié l'ordre existant et modelé l'avenir.

3. Religion et société

La place de la religion et ses rapports avec la société civile est un autre domaine où la Révolution a transformé l'ordre établi de façon irréversible.

La tradition.

Dans l'ordre traditionnel, les régimes politiques avaient un fondement religieux. L'historien Marc Bloch a parlé, pour la France, d'une religion de Reims, le sacre étant le symbole de l'union entre société religieuse et société politique. Le roi n'était vraiment roi qu'à partir du moment où le sacre, sorte de sacrement propre aux souverains, lui conférait une légitimité d'origine religieuse. C'est ainsi que l'expression « alliance de l'Église et de l'État » est une vue moderne projetée sur la réalité médiévale; elle est impropre puisqu'elle postule l'existence de deux pouvoirs distincts, de deux sociétés différentes là où il n'y a qu'une même société, un même ordre défini par la symbiose entre le religieux et le politique. Telle est la situation, du moins dans son principe. Elle ne vaut pas seulement pour la France mais pour tous les États, qu'ils soient catholiques ou protestants. En effet, la Réforme a modifié non pas tant les

liens entre la puissance publique et la religion que l'unité
de la chrétienté. De fait, depuis le xvi⁰ siècle, on compte
trois Europe religieuses : l'Europe du Nord (Scandinavie,
Iles britanniques, Provinces-Unies, une partie de l'Allemagne)
qui a embrassé la Réforme, l'Europe méridionale et latine
(péninsule ibérique, Italie, France) restée dans le catholicisme romain, l'Europe orientale, qui compte autant pour
le nombre, orthodoxe aux trois quarts.

Avant 1789.

Avant même la Révolution, le mouvement des idées et
la politique des États avaient déjà sensiblement modifié la
situation. Le rationalisme s'en prend en effet à la domination
politique de l'Église, ce que plus tard démocrates et républicains appelleront le cléricalisme, mais va aussi beaucoup
plus loin en s'attaquant au dogme même. De son côté,
l'absolutisme monarchique (donc le pouvoir politique) a
travaillé pour son émancipation puisque l'affirmation de
sa souveraineté valait aussi contre les tutelles religieuses.

Rôle de la Révolution.

La Révolution reprend ce mouvement et le prolonge.
En votant la constitution civile du clergé en juillet 1790,
elle va dans le même sens que les légistes du roi et achève
ce que Philippe le Bel avait entrepris cinq cents ans auparavant. De l'Ancien Régime à la Révolution, il y a sur ce
point continuité d'inspiration et de méthode.

Le rôle de la question religieuse a été déterminant, et la
rupture progressive entre le catholicisme romain et la
Révolution explique bien des péripéties et aussi des insuccès
de la Révolution. Les révolutionnaires sont amenés à
prendre des mesures plus radicales qu'ils n'auraient fait

en sécularisant les institutions. Le clergé perd son statut, ses privilèges, se voit même dépouillé de ses attributions dans la société civile, l'état civil, transféré aux municipalités, lui est retiré et ses biens sont confisqués, les ordres religieux sont dissous et le culte même souvent entravé. La Révolution étend ces réformes et ces mesures aux territoires occupés et annexés, jusqu'à Rome où pénètrent ses armées. Avec elle, pour la première fois, les sociétés modernes font l'expérience d'une séparation radicale entre le religieux et le politique, entre les Églises et la puissance publique.

La solution de continuité entraîne la dislocation des cadres, l'effondrement des pratiques sociales. Désormais, la religion perd le soutien séculaire de tout un ensemble d'habitudes, de sentiments et de contraintes collectives.

Après la Révolution.

L'œuvre de Bonaparte est ambiguë : il ne reprend pas à son compte toute la politique religieuse de la Révolution dans laquelle il voit une part de chimère avec, par exemple, les cultes révolutionnaires.

Pourtant, sur d'autres points, il consolide l'œuvre de la Révolution en maintenant, par exemple, la sécularisation, la vente des biens nationaux. Il renoue avec le Saint-Siège; avec la signature du Concordat en 1801, l'Église se voit à nouveau reconnaître une situation officielle, fort différente cependant de celle de l'Ancien Régime. Elle cesse d'abord d'être la seule religion reconnue puisque les Articles organiques étendent aux confessions protestantes et au judaïsme une partie des dispositions adoptées pour le catholicisme. Il est désormais de droit public que la France vit sous le régime du pluralisme religieux.

Bonaparte obtient que le pape reconnaisse le transfert des biens nationaux et renonce à leur restitution. Dépossédé, ce clergé dépend de l'État par le biais du budget des cultes. Fonctionnarisés, évêques et curés sont nommés en accord avec le gouvernement, reçoivent un traitement et sont presque aussi dépendants des pouvoirs publics que les fonctionnaires des autres administrations, et Napoléon peut dire : « Mes préfets, mes évêques, mes gendarmes. »

La Restauration ne sera pas une restauration intégrale du point de vue religieux car, même si les nouveaux dirigeants sont plus favorables à la religion, les rapports entre le politique et le religieux, entre les deux sociétés ont été irrévocablement transformés.

4. L'ordre social

Au plan politique, sur plus d'un point, la Révolution a prolongé l'Ancien Régime et on peut soutenir avec autant de vraisemblance la thèse de la continuité que celle de la rupture alors que, pour la société, le renouvellement est intégral.

Sa transformation ne s'opère pas au même moment ni au même rythme que pour le gouvernement et l'administration. Pour le gouvernement, les grands changements tiennent entre 1789 et la chute de Robespierre. Pour l'administration, les grandes innovations, plus tardives, se situent entre 1798 et 1804. Pour la société, c'est une autre chronologie qui associe la Révolution et le Consulat.

L'œuvre de la Révolution.

La Révolution a commencé par une action négative en détruisant la société de l'Ancien Régime. Ce fut l'affaire de quelques semaines puisque, trois mois après la première séance des États généraux, on peut considérer que la révolution sociale est faite et que c'en est fini de l'Ancien Régime. La Révolution consomme la ruine de la féodalité : en abolissant les survivances du servage, elle libère l'homme, en abolissant les droits féodaux, elle libère la terre et parachève ainsi le mouvement amorcé depuis plusieurs siècles par la royauté qui n'avait su mener à son terme cette entreprise par manque de moyens ou d'esprit de suite.

Cette société nouvelle se définit essentiellement par la liberté, liberté de l'individu, liberté de la terre, de l'initiative individuelle. Avec le servage et les droits féodaux, sont abolies toutes les entraves (corporations, jurandes, privilèges, banalités), les monopoles qui empêchaient la concurrence ou le libre choix, toutes les réglementations restrictives qui paralysaient l'invention, l'initiative. C'est là, en fait, qu'est la vraie révolution, plus encore que dans le transfert de souveraineté.

Instruite par l'expérience, se défiant des retours offensifs, elle prend des dispositions pour prévenir la reconstitution de ces contraintes et la restauration de ces groupes avec le vote de la loi Le Chapelier en 1791 qui prend acte de la disparition des corporations et de tous les groupements, et leur fait défense de se reconstituer. Est désormais réputé délit le fait pour les individus de se grouper en fonction de leurs activités professionnelles ou économiques, tant on craint que les corporations ne se reconstituent.

Cette première Révolution libérale, individualiste, considère que la tutelle la plus redoutable pour l'individu n'est pas tant le pouvoir royal que l'existence de corps intermédiaires. Cette hostilité que la Révolution porte aux corps et aux ordres est peut-être le trait le plus caractéristique de son esprit.

Cet état d'esprit survivra longtemps à la Révolution;

toute la tradition républicaine et démocratique au XIXe siècle continue de se défier des groupements et des associations. Ainsi s'explique — ce qui peut nous apparaître aujourd'hui comme une anomalie — que la démocratie ait en France tardé si longtemps à reconnaître comme un droit le fait de s'associer. La Déclaration des Droits de l'homme, qui énumère les principales libertés, ne dit pas un mot de la liberté d'association! La loi syndicale de 1884 ne vaut que pour les associations de défense professionnelle. Il faudra attendre l'aube du XXe siècle et la loi de 1901 qui donnera aux associations un statut, reconnaîtra leur liberté et les soustraira à un régime de police. Il a donc fallu cent dix ans pour que les fils de la Révolution acceptent la reconstitution d'associations, si grande était la crainte qu'elles ne portent atteinte à la liberté de l'individu.

La Révolution proclame aussi en droit et instaure en pratique l'égalité civile. Tous les Français ont désormais les mêmes droits civils et aussi les mêmes obligations. On mesure la nouveauté de cette attitude si on la compare à la société de l'Ancien Régime fondée sur le particularisme, la diversité des ordres, l'inégalité entre eux. C'est la fin des privilèges, les titres mêmes sont abolis, les distinctions sociales supprimées. La loi ne connaît plus que des citoyens tous égaux. L'égalité devant la loi et devant la justice signifie la suppression de toutes les justices seigneuriales, municipales, ecclésiastiques, et prolonge ainsi le mouvement de la justice royale qui cherchait à évincer les justices concurrentes.

Aux charges qui constituaient l'imposition traditionnelle, la Révolution substitue un système de contribution proportionnelle aux ressources, aux possibilités de chaque citoyen. Elle instaure également l'égalité devant l'impôt du sang avec la conscription mais aussi l'égalité pour l'accès aux emplois civils et militaires, supprimant ainsi la vénalité des offices. Désormais, n'importe qui, pourvu qu'il remplisse les conditions d'aptitude nécessaires, peut prétendre tenir un emploi public. Ce sera avec le Consulat l'apparition, puis le développement d'un type social nouveau, le fonctionnaire, promu dans les sociétés contemporaines à un avenir et à une multiplication indéfinis. En ce qui concerne les charges militaires, alors que la réaction nobiliaire avait fermé aux roturiers l'accès au grade d'officier, la Révolution, tant par nécessité pratique que par conformité à ses principes, supprime cette clause restrictive et permet à n'importe qui d'accéder aux grades les plus élevés. L'armée et l'administration publique vont devenir sous la Révolution et sous l'Empire des moyens de promotion sociale : c'est en partie par le service de l'État et par le service des armes que va se faire le renouvellement des hommes, et aussi par l'élimination d'un personnel suspect par ses origines ou parce qu'ancien émigré. Un phénomène assez comparable à celui-ci s'opère pour la propriété avec la mise en vente des biens nationaux qui remet dans le circuit économique des biens stérilisés par la mainmorte ecclésiastique ou la transmission héréditaire des biens nobiliaires.

De toutes ces réformes résultent un bouillonnement d'énergies, une effervescence dont l'exemple de Napoléon est le plus éclatant ; la carrière des maréchaux d'Empire, des préfets du Consulat sont autant de réussites sociales qui eussent été inconcevables à la fin de l'Ancien Régime. Attachés à l'ordre social nouveau dont ils sont les bénéficiaires, ces talents, qui seraient autrement restés inemployés, se sont dépensés au service de l'État qui en tire un parti profitable.

D'inspiration libérale et individualiste par l'affirmation de l'égalité, la suppression des barrières et des contraintes, la révolution sociale libère par là même l'initiative. Mais telle que nous venons de la définir, elle n'a duré qu'un temps, et c'est de la Révolution revue et corrigée par le Consulat que nous sommes les héritiers.

L'œuvre du Consulat et de l'Empire.

Napoléon a conservé l'essentiel des conquêtes sociales de la Révolution, mais il les a aménagées. C'est dans la mesure où il a corrigé l'œuvre de la Révolution, tempéré certaines audaces qu'il l'a rendue viable. Ainsi la Restauration aurait peut-être été tentée de restituer leurs biens aux anciens propriétaires si Napoléon n'avait pas obtenu du souverain pontife la renonciation de l'Église à ses biens et si, d'autre part, en fermant la liste des émigrés, en leur rouvrant les frontières, en prenant l'initiative d'un cadastre, il n'avait pas rendu irréalisable la dénationalisation de ces biens.

En 1804, l'œuvre de la Révolution a été fixée, corrigée, par le code Napoléon — notre Code civil — qui a une importance capitale, puisque c'est lui qui a fixé jusqu'à nos jours les traits de la société moderne en France mais aussi en quantité de pays qui s'en sont inspirés, en ont adopté les principes, reproduit les dispositions.

Le code Napoléon porte sa marque. Lui-même a contribué à son élaboration, prenant part aux délibérations du Conseil d'État. Ni de tempérament, ni d'esprit, Napoléon n'était individualiste. L'individu est éphémère, ce qui compte c'est le groupe; il faut donc subordonner l'individu à l'intérêt supérieur du groupe dont il fait partie. Une formule de lui, souvent citée, est très significative : « Il est nécessaire de jeter des masses de granit pour lier ces grains de sable. » La société atomisée issue de la Révolution lui paraît dangereusement instable et le rôle du code et des institutions est de la fixer, de la solidifier.

L'individualisme de la Révolution est tempéré par le principe d'autorité à tous les degrés et dans toutes les communautés. Dans la famille, le code institue l'autorité du père sur les enfants, du mari sur la femme (incapacité juridique de la femme mariée). Dans l'entreprise, c'est l'autorité du patron sur ses employés, le patron étant investi d'une tutelle pour le compte de la société, dans l'intérêt de l'ordre public. On se défie des salariés, aussi est-ce au patron d'assurer la police de son établissement. L'Empire rétablira le livret ouvrier sur lequel sont portées les sommes dont le patron fait l'avance à l'ouvrier qui ne peut quitter son travail qu'avec le consentement du patron et que si celui-ci lui restitue son livret, sinon, l'ouvrier est tenu pour vagabond. Ce régime aboutit donc à rétablir une forme de servage déguisé puisqu'il dépend désormais du bon plaisir du patron de rendre à son employé sa liberté ou de le conserver.

Par son souci de l'autorité, sa volonté de contenir l'individualisme par la tutelle, la réaction consulaire va même quelquefois à l'encontre des principes de la Révolution notamment de l'égalité de tous les citoyens devant la loi. Ainsi, dans un article qui ne sera abrogé que sous le second Empire — l'article 1783 — le code Napoléon prévoit qu'en cas de contestation entre le patron et l'ouvrier, en ce qui concerne notamment le contrat de travail, sur les rémunérations, le patron est cru sur parole tandis que l'ouvrier doit faire la preuve de ce qu'il avance.

Cette philosophie sociale s'étend à tous les domaines ; c'est elle qui inspire la réorganisation administrative et déborde même bien au-delà. Ainsi Napoléon suscite ou reconstitue des cadres, une organisation, une armature sociale, en rompant avec l'aversion que les révolutionnaires témoignaient pour les corps. On s'achemine vers une sorte de néocorporatisme avec les chambres d'officiers ministériels et en 1810, la création du barreau pour les avocats. L'Université relève de la même conception : dans l'esprit de Napoléon, il s'agit d'un corps qui a le monopole de l'enseignement et sur lequel l'État exerce un contrôle direct. La Légion d'honneur, à l'origine, s'inspire du même système :

il s'agit de constituer dans la société une sorte de compagnonnage avec une structure hiérarchique qui encadrera les individus. Il recréera même une noblesse avec la possibilité de transmettre héréditairement les titres de noblesse pourvu qu'il y ait constitution de patrimoines, les majorats.

Ainsi, à son terme, l'œuvre sociale de l'Empire paraît-elle se rapprocher de celle de l'Ancien Régime, et s'éloigner de la Révolution. L'analogie n'est cependant pas complète puisque l'ancienne aristocratie était une aristocratie du sang, une aristocratie héréditaire, tandis que la nouvelle aristocratie est une aristocratie de fonctions et d'argent, ouverte au talent, au mérite, aux services rendus. C'est une conception plus moderne de la noblesse, inégalitaire certes, mais où l'inégalité n'est plus liée à l'hérédité.

L'œuvre de la Révolution ainsi remaniée par le Consulat et l'Empire constitue une synthèse originale et puissante, un compromis en définitive heureux, fécond, qui intègre l'essentiel des conquêtes de la Révolution, qui porte la marque du génie de Napoléon et leur survivra.

Alors que la construction politique a sombré dans le naufrage de l'Empire, la construction administrative a duré et l'ordre social a subsisté. La Restauration et les régimes suivants ne toucheront ni à l'un ni à l'autre. Napoléon est ainsi doublement le créateur de la société moderne pour avoir assuré, sous une forme adaptée, corrigée, la pérennité des principes de 1789 pour la France et tous les pays sur lesquels l'influence de la Révolution s'est étendue. Dans une large mesure, on peut dire de notre société qu'elle est encore la fille de cette société révolutionnaire et consulaire et que nous vivons dans le moule de l'ordre social conçu et imposé par Napoléon.

Est-ce une société bourgeoise?

C'est un lieu commun de dire que la société issue de la Révolution est une société bourgeoise. M. Morazé a intitulé un de ses livres les plus suggestifs *la France bourgeoise*, consacré à la description de la France du XIXᵉ siècle, héritière du bouleversement révolutionnaire et de l'ordre napoléonien. Qu'est-ce à dire? Dans quelle mesure cette épithète « bourgeoise » éclaire-t-elle la nature de la nouvelle société? Plusieurs précisions s'imposent pour nuancer les lieux communs et prévenir les confusions intellectuelles.

La Révolution est incontestablement bourgeoise par ses auteurs. La composition des assemblées le montre assez puisque la bourgeoisie y détient une écrasante majorité, les ouvriers n'y sont pas représentés, l'aristocratie en est évincée. Au reste, il n'y a là rien que de naturel; la bourgeoisie est la classe instruite, la plus capable d'entreprendre une réforme de cette nature.

En second lieu, il est d'autant plus naturel que cette bourgeoisie songe à ses intérêts propres, qu'ils coïncident avec l'esprit et le mouvement de la Révolution. Qui trouve le plus d'avantages à l'abolition des contraintes sociales, des inégalités juridiques? L'égalité civile, la liberté profitent essentiellement à la bourgeoisie, terrienne, industrielle, commerçante. Ce sont des bourgeois qui se portent généralement acquéreurs des biens nationaux mis en vente, ce sont des bourgeois qui peuplent les administrations.

En troisième lieu, il est de fait que, sur des points importants, les assemblées révolutionnaires ou le gouvernement consulaire ont apporté à l'exercice des libertés, à l'application des principes d'égalité, des restrictions à l'avantage de la bourgeoisie et au détriment d'autres classes. Ainsi la constitution de 1791 et celle de 1795 distinguent-elles deux catégories de citoyens dont seule celle qui peut justifier de conditions de fortune et de propriété a la plénitude des droits politiques. La notion du cens pour différencier les citoyens est une dérogation grave aux principes de liberté et d'égalité. Quant à l'Empire, il restaure une noblesse, des corps, des monopoles et c'est à cela qu'on songe quand on parle de révolution bourgeoise, faite par la bourgeoisie à son profit exclusif, et au mépris des principes dont elle se réclame. Et de dénoncer la contradiction entre les idées et la pratique, l'hypocrisie des dirigeants.

Tout cela est incontestable, mais demande à être replacé dans une lumière plus juste, à ne pas être jugé en fonction de la société de la fin du XXᵉ siècle, mais de celle de la fin du XVIIIᵉ siècle. Le contraste apparaît alors entre les principes et les comportements moins prononcé, et, pour tout dire, moins scandaleux.

Les distinctions fondées sur l'argent et la propriété semblent aux contemporains moins choquantes qu'à nous. L'argent, la propriété sont moins considérés pour eux-mêmes que comme l'indice d'autre chose et l'on retient à cette époque le critère de la fortune comme le signe du travail, du talent, du mérite, comme une présomption que les électeurs, ayant plus d'indépendance, auront le loisir de s'informer et pourront émettre des opinions plus fondées. Ce n'est pas la domination brutale de l'argent, c'est l'argent pris dans un système de valeurs qui met l'accent sur la capacité intellectuelle et l'indépendance des opinions.

D'autre part, la contradiction entre les principes et la pratique apparaît moins flagrante qu'aujourd'hui dans la mesure où les contemporains font la comparaison, non pas avec la suite des événements, mais avec ce qui précède et, tout compte fait, la nouvelle société avec les inégalités qui subsistent leur paraît infiniment plus juste que la précédente. Ils sont surtout sensibles à la nouveauté révolutionnaire et au caractère égalitaire de cet ordre.

Enfin le libéralisme à ses débuts est encore loin d'avoir développé toutes ses conséquences. L'égalité de principe, la possibilité pour tout un chacun de faire ce qu'il veut sont, dans un premier temps, ressenties et vécues bien plus comme une libération que comme une oppression. Personne n'a encore eu le temps d'en user pour asservir d'autres à sa volonté de puissance ou à ses intérêts propres. C'est au cours du XIXe siècle qu'on verra peu à peu s'accuser les inconvénients du libéralisme et s'aggraver les injustices qu'il porte en germe.

5. La nation, la guerre et les relations internationales

Le sentiment national.

La nation comme fait et comme sentiment est une réalité nouvelle issue de la Révolution, ce qui ne signifie pas que la Révolution ait créé les nations de toutes pièces, car celles-ci sont l'œuvre des siècles. Pour la France, l'unité nationale est ancienne, mais la Révolution la parachève, la consacre en mettant fin aux particularismes, à tout ce qui s'interposait entre l'individu et la communauté nationale, car de même que la Révolution a fait table rase des particularismes administratifs, elle fait éclater les particularismes locaux ou régionaux, en brisant les vieux cadres historiques, les provinces et en leur substituant des cadres neufs, les départements. La pensée contre-révolutionnaire a reproché à la Révolution d'avoir créé des cadres parfaitement artificiels. Les départements n'étaient pas artificiels : ils regroupent des unités qui avaient une existence ancienne. Au reste les départements ont rapidement acquis une consistance qui explique qu'il soit si difficile aujourd'hui de dépasser le cadre départemental. La désagrégation des vieux cadres administratifs, la substitution de nouveaux cadres plus homogènes ont beaucoup contribué à affirmer l'unité nationale.

Dans le même temps, la Révolution a précipité la prise de conscience de l'appartenance à une communauté nationale et c'est désormais par une adhésion volontaire qu'on est citoyen français. Plusieurs mouvements ont ratifié cette acceptation de l'unité nationale : le mouvement des fédérations en 1789-1790 trouve son couronnement le 14 juillet 1790 avec la fête de la Fédération. Contrairement à ce qu'on croit souvent, notre fête nationale du 14 juillet ne commémore pas la prise de la Bastille, mais la fête de la Fédération, quoique la fixation de cette fête au 14 juillet s'expliquât en 1790 par l'anniversaire de la prise de la Bastille.

L'adhésion va désormais à la nation et non plus à la couronne, et c'est là un phénomène capital comparable au transfert de souveraineté. Dans l'ordre politique, pour le pouvoir, la Révolution transfère la souveraineté de la personne du roi à une assemblée représentative de la nation; de même, pour les liens entre les individus et le pays, elle substitue au loyalisme dynastique, à l'attachement à la personne du souverain, un sentiment collectif, le patriotisme moderne. De ce transfert le symbole est la bataille de Valmy où, pour la première fois, les soldats français se battent au cri de « Vive la nation ». C'est la victoire de la nation sur le vieux loyalisme monarchique et Gœthe n'avait pas tort d'estimer que c'est un moment décisif de l'histoire de l'humanité.

Le sentiment patriotique va s'affirmer dans la résistance aux rois, dans la défense du territoire contre l'envahisseur. Ce nationalisme d'un nouveau genre, ce sentiment moderne, est lié pour longtemps à la Révolution. Pendant près d'un siècle, jusqu'aux grandes crises du boulangisme et de l'affaire Dreyfus, le nationalisme est un sentiment plutôt de gauche, lié aux forces populaires et à l'œuvre de la Révolution. La preuve en est que l'imagerie patriotique s'inspire d'épisodes empruntés à la légende révolutionnaire : la patrie en danger, les volontaires de 1793, la nation armée.

La guerre révolutionnaire.

La Révolution entraîne une sorte de mutation de la guerre. Les guerres sont désormais des guerres populaires ou guerres de masse, des guerres idéologiques ou guerres d'idées et de sentiments, traits constitutifs de nos conflits modernes.

Guerre populaire ? Les armées d'Ancien Régime étaient des armées peu nombreuses de soldats de métier et leur lien était la fidélité au chef de guerre, au drapeau, au régiment, ou l'argent. Avec la Révolution apparaît la nation en armes, la levée en masse. C'est d'abord l'appel aux volontaires, puis, avec la conscription, la généralisation du service militaire, conséquence du principe d'égalité. La conscription a à son tour des effets sur la société puisqu'elle contribue au brassage, à l'unification qui vont être des traits dominants de la démocratisation au XIXe et au XXe siècle. Ce faisant, la Révolution bouleverse les données traditionnelles de la guerre. La tactique et la stratégie sont transformées par l'intervention du nombre, par l'irruption des masses. A des armées de métier qui faisaient l'objet d'un entraînement très poussé, la Révolution oppose des masses médiocrement instruites, mais qui l'emportent par la supériorité du nombre et par l'élan révolutionnaire. C'est ainsi que la Révolution a tenu tête à l'Europe et gagné la guerre.

Autre guerre d'un type nouveau est la guerre psychologique et idéologique. Le soldat, en même temps que son sol, défend le régime qu'il s'est donné et se bat autant pour la Révolution que pour l'intérêt national. Les révolutionnaires pensent — l'expérience leur donne souvent raison — que le soldat-citoyen est supérieur au mercenaire car il rachète son inexpérience par son héroïsme, cependant que la propagande est une des armes les plus efficaces de cette guerre.

Le nouveau système des relations internationales.

Avec la Révolution c'en est fini de la diplomatie traditionnelle, fondée sur les alliances dynastiques, les combinaisons matrimoniales, les convenances des souverains. Elle introduit avec le droit des peuples à disposer d'eux-mêmes un principe nouveau qui est l'extension aux relations internationales du principe de la souveraineté nationale : c'est ainsi que la Révolution procède à une consultation pour le rattachement d'Avignon. Les guerres de la Révolution et de l'Empire entraînent la destruction des vieilles constructions féodales et dynastiques. C'est au cours de ces vingt-cinq années que des pays découvrent leur identité nationale, prennent conscience de leurs particularités ou vivent leur unité pour la première fois. C'est le cas de l'Italie et le souvenir de cette expérience restera un des facteurs de l'unité italienne au XIXᵉ siècle. Cependant, dans la pratique, la Révolution a plus d'une fois dérogé à ses principes, notamment à partir du Directoire. La paix de Campo Formio s'inspire du principe copartageant de Frédéric II, selon lequel, au nom du droit du plus fort, le vainqueur dispose souverainement des vaincus et il n'est que de voir le recès de 1803 ou les traités imposés par la Révolution ou l'Empire à leurs adversaires.

Ainsi, jusque dans l'ordre international la Révolution a énoncé des principes nouveaux, éveillé des sentiments, jeté les ferments d'une profonde transformation. La consé-

quence et le prolongement de cet aspect, le mouvement
des nationalités au XIXᵉ siècle et, au-delà de l'Europe, le
mouvement contemporain de décolonisation en sont la
conséquence.

6. Conclusion

Quelques traits généraux valent, quel que soit le secteur
considéré, qu'il s'agisse de la place de la religion dans la
société ou de l'ordre international.

La Révolution amendée, révisée par le Consulat et l'Empire a accompli certaines tendances antérieures et constitu-
tives de la monarchie. La rupture n'est pas en tous points
aussi éclatante qu'elle nous paraît ou que l'historiographie
la présente. On retrouve de part et d'autre de la coupure
de 89 des éléments de continuité. La monarchie, à son
heure, avait entrepris un patient effort d'uniformisation
et d'unification pour augmenter la centralisation, renforcer
la cohésion, réduire les particularismes. La Révolution,
bénéficiant d'un élan nouveau et de l'adhésion de la nation,
a pu mener à bien cet effort et balayer les dernières résis-
tances.

La seconde remarque a trait aux rapports entre la période
proprement révolutionnaire et celle qui la suit immédiate-
ment et que domine la personnalité de Bonaparte. En effet,
si, sur tous les plans, la synthèse napoléonienne est en retrait
par rapport aux tentatives les plus avancées de la Révolution,
c'est peut-être précisément ce retrait qui a rendu viable
l'œuvre de la Révolution, qui a permis à l'ordre politique et
social institué par la Révolution de durer parce qu'amputé de
ce qu'il comportait de plus contestable et de plus chimérique.

La troisième observation anticipe sur la suite et considère cette œuvre dans sa durée postérieure à la contre-révolution. La Restauration n'a pas entamé l'édifice établi par la Révolution, même si elle a pu limiter l'application des principes, donner l'impression de vouloir remettre en cause les changements survenus dans la pratique. Même si elle s'est livrée à la critique du système et à la dénonciation des principes, elle a finalement respecté l'œuvre de la Révolution.

La quatrième et dernière remarque éclaire une période plus proche de nous : au XIXe siècle, la société, reprenant la marche suspendue par la Restauration, ressuscitera plus d'une idée ou d'une expérience révolutionnaire, mènera à bien ce que la Révolution avait commencé, rétablira ce qui avait été supprimé et tirera toutes les conséquences des principes énoncés en 1789.

Sous le bénéfice de ces observations, on peut estimer légitimement que ces quelques années ont marqué durablement l'histoire contemporaine et de façon irréversible la physionomie des sociétés modernes.

4

Le continent américain 1783-1825

Quittons momentanément le continent européen pour évoquer ce qui s'est passé en Amérique entre la fin de la guerre d'Indépendance des États-Unis (1783) et la fin des combats pour l'indépendance des colonies espagnoles et portugaises (1825), soit pendant une quarantaine d'années qui représentent un chapitre majeur de l'histoire du continent américain.

Jusqu'à l'indépendance américaine et la Révolution française, le Nouveau Monde avait été étroitement associé au destin de l'Europe occidentale. L'Amérique était entrée dans l'histoire de l'Europe et réciproquement l'Europe dans celle du continent américain depuis l'extrême fin du xve siècle. Les Européens l'avaient intégré à leur système économique (régime du pacte colonial) et avaient superposé aux anciennes civilisations, dites précolombiennes, leurs modes de vie, leurs institutions, leur religion.

Pour le Nouveau Monde aussi, les années 1790-1825, décisives en Europe, ont marqué un moment capital dans son développement historique : l'Amérique a en effet subi le contrecoup des événements dont l'Europe occidentale était le théâtre. D'une part, la Révolution a exercé une influence intellectuelle et politique sur l'Amérique qui s'est mise à son école, a voulu l'imiter et adopter ses principes. D'autre part, par une voie plus indirecte, les guerres de Napoléon dans la péninsule ibérique ont eu diverses répercussions sur l'émancipation de l'Amérique latine.

Ce sont précisément ces effets de la Révolution et de l'Empire qui nous conduisent à évoquer, aussitôt après l'Europe, l'histoire du continent américain.

1. Les quatre empires

Quatre nations européennes avaient édifié des empires au-delà de l'Atlantique, couvrant la quasi-totalité du continent américain : en Amérique du Nord, l'empire français d'Amérique avec essentiellement le Canada et la Louisiane, la Grande-Bretagne avec les 13 colonies échelonnées sur la façade atlantique, en Amérique centrale et méridionale, le Portugal au Brésil et l'Espagne dont l'empire était de beaucoup le plus étendu et fut longtemps le plus riche. Telle était encore la situation au milieu du XVIIIᵉ siècle.

L'Amérique du Sud, à elle seule, couvre à peu près 18 millions de km². Or l'Amérique espagnole la déborde largement, puisque toute l'Amérique centrale, le Mexique en font partie, et que la pénétration espagnole se poursuit au XVIIIᵉ siècle. Vers la fin du siècle, les Espagnols remontent en Amérique du Nord vers le nord-est en longeant le golfe du Mexique jusqu'en Floride, progressent en direction du nord-ouest le long de la côte du Pacifique en Californie : c'est autour de 1775 que la frontière de la colonisation espagnole atteint la baie de San Francisco et y établit un poste. L'architecture, les noms de lieux témoignent en plein XXᵉ siècle que ces lieux ont d'abord été reconnus par les Espagnols, telles, pour la seule Californie, ses plus grandes villes, Los Angeles et San Francisco.

Mais si l'empire espagnol continue de se dilater au XVIIIᵉ siècle, il reste en grande partie vide. Pour 18 ou

20 millions de km², il y a environ 18 millions d'habitants en 1800, soit une densité approximative de 1/km². Les noyaux principaux de cette population, très inégalement répartie, se trouvent sur la côte atlantique (au Brésil, autour du rio de la Plata), ou sur les plateaux (le long de la cordillère du côté du Pacifique). Entre les deux, d'immenses espaces lacunaires à peu près vides d'hommes.

La population est composite. L'inégalité inhérente à toutes les sociétés d'Ancien Régime s'y double de l'inégalité qu'engendre le régime colonial avec coïncidence entre la superposition des couches sociales et la stratification ethnique.

Au sommet de l'échelle, les créoles, descendants directs des conquistadores et de ceux qui les ont suivis. On évalue approximativement à 500 000 les Espagnols ou les Portugais originaires de la péninsule ibérique qui ont traversé l'Océan, se sont établis en Amérique latine et y ont fait souche. En trois siècles, ils sont devenus quelque 4,5 millions, très fiers de leur origine et de la pureté de leur sang, encore qu'en Amérique latine, le préjugé de couleur ait toujours été plus faible que dans l'Amérique anglo-saxonne. Ces créoles constituent une aristocratie qui possède les richesses, la terre, de grands domaines exploités par une main-d'œuvre servile. Au-dessous, on trouve les sangs-mêlés, produit du métissage entre Blancs et Indiens, entre Blancs et Noirs, et enfin au bas de la pyramide, la masse fixée surtout sur les plateaux des Andes, quelque 10 millions d'Indiens qui descendent des populations autochtones, des anciens empires inca, aztèque, et des autres royaumes détruits par la conquête espagnole. C'est une population mal assimilée, superficiellement évangélisée, qui demeure fidèle à ses croyances, et pratique une sorte de syncrétisme où fusionnent le paganisme et des éléments de superstition empruntés au christianisme. Cette masse indienne fournit la main-d'œuvre pour l'exploitation des terres et des mines. Il faut ajouter,

en marge, surtout au Brésil, la main-d'œuvre noire amenée
par la traite; ils sont déjà un demi-million en 1800.

L'Amérique du Nord est encore plus vide, qui compte
seulement une soixantaine de milliers de Français, un peu
plus d'un million de Britanniques et de Scandinaves dans les
colonies anglaises, et un million d'Indiens généralement
nomades, vivant de la chasse ou de la pêche.

2. La fin des empires français et britannique

Des quatre empires qui se partageaient l'Amérique en
1800, deux ont déjà été détruits avant la Révolution française sans que les événements d'Europe aient contribué à
leur disparition qui est la conséquence des rivalités coloniales entre les puissances européennes et des soulèvements
locaux dictés par la volonté d'émancipation, généralement
des Blancs, exceptionnellement d'éléments de couleur.

Au XVIIIe siècle, la compétition entre l'Angleterre et la
France, se disputant l'Inde et l'Amérique, est un élément
essentiel du jeu diplomatique. L'empire français d'Amérique
est le premier victime de ces rivalités coloniales puisqu'il
doit céder le Canada à la Grande-Bretagne en 1763, et la
Louisiane à l'Espagne pour dédommager celle-ci des pertes
subies en raison de l'alliance franco-espagnole. La France
est donc pratiquement évincée du continent américain. Elle
ne conserve que des îlots tels que Saint-Pierre-et-Miquelon,
ou, dans le golfe du Mexique, quelques îles dont la plus
précieuse est Saint-Domingue, la perle des colonies françaises d'Amérique.

En 1800, la France récupère la Louisiane que l'Espagne

lui restitue, mais pour peu de temps car Bonaparte, sachant que la France n'a pas les moyens de la conserver, la propose aux États-Unis qui l'achètent en 1803. La vente scelle le destin de l'empire français d'Amérique et ouvre aux jeunes États-Unis un champ d'action immense. Pour avoir voulu y rétablir l'esclavage d'abord supprimé, la France perd aussi Saint-Domingue malgré l'intervention d'une armée commandée par le général Leclerc, beau-frère de Bonaparte, qui a pour mission de soumettre les insurgés noirs menés par Toussaint Louverture. Mais l'armée est décimée, son chef y laisse la vie et la France doit renoncer à la domination de Saint-Domingue. C'est l'origine de la république noire de Haïti. Ainsi, l'empire français a totalement disparu en 1800.

Pour des raisons différentes, l'empire britannique a connu le même sort : avec la révolte des colons qui, aidés par la France et l'Espagne, rompent les liens qui les unissent à la métropole et arrachent leur indépendance.

Depuis 1783, les États-Unis prennent grand soin de se tenir à l'écart du conflit européen. Washington, à la veille de quitter la présidence, adresse à ses concitoyens une manière de testament qui leur recommande de ne jamais s'engager dans des alliances avec l'Europe. Cette adresse d'adieu est un des textes fondamentaux de l'histoire de la politique étrangère américaine et fonde la tradition d'isolationnisme à laquelle les États-Unis resteront presque constamment fidèles et dont ils ne s'écarteront qu'avec Wilson en 1917, mais pour peu de temps puisqu'en 1920, le Sénat des États-Unis refuse de ratifier le traité de Versailles et d'entrer à la Société des Nations. C'est seulement sous la seconde présidence de Roosevelt que les États-Unis rompront durablement avec cette tradition d'isolationnisme vieille d'un siècle et demi, leurs responsabilités leur faisant une obligation d'avoir une politique mondiale.

Si les États-Unis veillent à ne pas être entraînés dans les remous provoqués par le conflit entre leur ancienne alliée et leur ancienne métropole, ils n'en sont pas moins amenés en 1812 à faire la guerre à la Grande-Bretagne. C'est la conséquence du blocus que l'Angleterre tente d'établir à l'encontre de la France et auquel Napoléon répond par le blocus continental. Entre ces deux prétentions adverses, les États-Unis, dans une situation difficile, sont conduits, pour défendre leur commerce, les droits des neutres, la liberté des mers, à entrer en guerre avec la Grande-Bretagne, sans être pour autant alliés à la France.

Les opérations durent près de trois années, de 1812 au début de 1815. Opérations limitées, décousues, où aucun avantage vraiment décisif n'est marqué. Les Anglais prennent et incendient Washington, les Américains rejettent à la mer, devant la Nouvelle-Orléans, un corps expéditionnaire britannique, exploit dont ils tirent une fierté immense (janvier 1815). Le traité signé en 1814 se borne à confirmer l'indépendance des États-Unis.

Si deux empires ont disparu au début du XIXe siècle, deux autres subsistent dont l'histoire est étroitement liée à celle de l'Europe et de la Révolution.

3. L'émancipation des colonies portugaises et espagnoles

LES CAUSES DE LA RUPTURE

L'empire espagnol et l'empire portugais ont été affectés par les contrecoups non seulement de la Révolution française mais aussi de l'indépendance américaine car il n'est pas douteux que l'exemple donné par les insurgés ait joué son rôle.

Le mouvement d'indépendance des deux empires est le fait, principalement et même presque exclusivement, des colons, les créoles; il n'a rien de comparable avec la révolte, au xxe siècle, des peuples de couleur contre la domination de la race blanche, et s'apparente plutôt à l'indépendance des États-Unis où ce sont les Blancs qui font sécession (sauf au Mexique où les Indiens prennent une part active au soulèvement).

Le ressentiment des créoles à l'égard des Espagnols ou des Portugais venus de la métropole qui accaparent le haut clergé, les postes de gouverneurs, fait songer au mécontentement de la bourgeoisie française contre la réaction nobiliaire. D'autre part, les créoles commencent à trouver pesant le joug de la métropole, les charges financières n'étant compensées par aucune contrepartie positive, le système de l'exclusif du pacte colonial instituant des entraves qui les gênent.

L'influence de l'Europe et le rayonnement des idées philosophiques ont compté également parmi les causes de rupture. En effet, de nombreux créoles sont instruits, ont fréquenté des universités d'Amérique espagnole, à Mexico, à Lima, ont voyagé, sont venus en Europe, ont lu les écrivains français ou britanniques; certains même sont affiliés à la franc-maçonnerie. De ce fait, tout un ensemble de relations met l'élite intellectuelle des créoles à l'écoute de l'Europe. Bolivar est un disciple de Jean-Jacques Rousseau, son père l'a élevé selon les préceptes de *l'Émile*. Miranda, le libérateur du Venezuela, est lié d'amitié avec les députés girondins, il combat dans les rangs de l'armée française, avec le grade de général, à la bataille de Jemmapes et c'est à son retour qu'il entreprend de libérer son pays. Tous ces Américains rêvent d'imiter l'exemple donné par la France révolutionnaire et les insurgés de l'Amérique du Nord.

Mais ces causes n'auraient sans doute pas produit tous

leurs effets, sans les événements d'Europe, car c'est en définitive de l'occupation de la péninsule par les armées napo-
léoniennes que sort l'indépendance des colonies espagnoles
et portugaise. Si le Brésil et les colonies espagnoles ont
suivi des voies différentes, la différence résulte du sort dis-
semblable des souverains.

L'INDÉPENDANCE DU BRÉSIL

Quand Napoléon cherche à fermer l'Europe à l'Angleterre, le Portugal, lié de longue date à l'Angleterre, refuse
de renverser les alliances et de se plier aux décrets du blocus continental. Napoléon envoie alors à la fin de 1807 une
armée commandée par Junot au Portugal tandis que la
dynastie de Bragance s'embarque pour le Brésil qui, de lointaine dépendance de Lisbonne, devint le siège du gouvernement et le centre du pouvoir tant que durera l'hégémonie
française sur l'Europe. C'est ainsi que, avec plus d'un siècle
d'avance, un gouvernement européen quittera son pays pour
maintenir le principe et l'existence de l'État, comme le feront
nombre de gouvernements en 1940 devant l'avance hitlé-
rienne.

Ces années seront pour le Brésil des années de développement : ne pouvant plus compter sur le Portugal pour les
échanges commerciaux, il s'ouvre au commerce britannique,
des écoles se créent. Mais, la guerre terminée, le Portugal
recouvrant son indépendance, le Brésil n'admettra pas de
redevenir une province lointaine sujette aux décisions de Lisbonne. Au reste, la famille royale prolonge son séjour, mais,
en 1820, la vague d'agitation qui parcourt toute l'Europe
atteint le Portugal et le roi doit regagner Lisbonne pour
rétablir son autorité, laissant son fils don Pedro comme
régent à Rio de Janeiro.

Entre le Portugal et le Brésil, entre la métropole et la colonie, entre le père et le fils, le roi et le régent, les liens se distendent et la séparation s'effectue sans crise, le Portugal, conseillé par la Grande-Bretagne qui exerce sur lui une amicale pression, ayant la sagesse de ne pas vouloir restaurer l'ancien ordre des choses. Le régent don Pedro proclame l'indépendance du Brésil dont il devient le premier empereur constitutionnel.

Cet empire constitutionnel, instauré en 1822, durera jusqu'en 1888, date à laquelle la République sera proclamée, une république d'inspiration positiviste dont la devise « Ordre et progrès » est directement empruntée à Auguste Comte.

Il reste que l'émancipation du Brésil a marqué pour le minuscule Portugal le début de l'effritement d'un immense empire colonial qui couvrait l'Amérique, l'Afrique et l'Asie et dont il ne reste plus de nos jours que l'Angola et le Mozambique.

LES COLONIES ESPAGNOLES : DU LOYALISME A LA SÉCESSION

Les colonies espagnoles ont suivi une voie toute différente : leur histoire entre 1807 et 1825 est fort mouvementée et il convient d'y distinguer quatre temps.

Le point de départ.

Comme pour le Brésil, le point de départ est le moment où les troupes françaises s'assurent le contrôle de l'Espagne et du Portugal, mais les conséquences ne sont pas les mêmes. Les Bourbons ne se sont pas embarqués pour le Pérou ou le Chili, la dynastie a dû consentir à son abdication forcée et, sur le trône ainsi rendu vacant, Napoléon place son frère Joseph. Une grande partie de la population espagnole refuse d'admettre l'usurpateur et isole ceux des Espagnols qui l'ont accepté (que l'on appelle les *afrancesados*, les francisés) et qui comptent sur la présence du roi et l'inspiration française pour libéraliser et moderniser l'Espagne. La séparation entre ceux qui collaborent avec le roi Joseph et les autres correspond à la ligne de partage entre les libéraux modernistes et les traditionalistes attachés au passé espagnol. Cet accident compromettra les chances d'évolution de l'Espagne.

Une junte prend la direction de la résistance et toutes les colonies d'Amérique affirment leur fidélité à Ferdinand VII. Celui-ci étant interné au château de Valençay, il y a vacance du pouvoir. Aussi, en l'absence du souverain, les colonies sont-elles amenées à s'administrer elles-mêmes, décision contre laquelle, de Paris ou Madrid, ni Napoléon ni Joseph ne peuvent rien. Elles remettent en vigueur les institutions traditionnelles tombées en désuétude et notamment ce que l'on appelle le *cabildo abierto*. Une vie politique locale se développe que l'on pourrait qualifier de démocratique si elle ne se limitait qu'aux seuls créoles. Économiquement, comme le Brésil, les colonies espagnoles s'ouvrent au commerce britannique et c'est la flotte anglaise qui assure leur sécurité et leur approvisionnement.

Vers l'émancipation.

Dans un second temps, le goût de la liberté leur revenant à mesure qu'elles en font l'expérience, les colonies qui se passent, par la force des choses, de la métropole, s'en détachent insensiblement et rompent bientôt avec la junte insurrectionnelle de Séville, bien que celle-ci représente la légitimité. Le mouvement change alors d'orientation, et de sécession inspirée par le loyalisme devient lutte pour l'émancipation pure et simple, la première mesure des colons étant de substituer aux vice-rois et aux capitaines généraux des administrations qu'ils contrôlent. Dans l'ensemble de l'Amérique espagnole, le mouvement est mené par les créoles, sauf au Mexique où il prend un caractère plus démocratique avec la participation des Indiens qui ont à leur tête des ecclésiastiques de souche indienne, tels les curés Hidalgo et Morales, qui sont les porte-parole de leur nationalité et donnent en 1810 le signal de l'indépendance; les créoles qui redoutent d'être submergés par les indigènes, restent loyalistes à l'Espagne dont ils ont besoin pour contenir les masses indiennes.

Entre 1810 et 1814, la guerre civile fait rage entre la minorité loyaliste et la majorité acquise à l'indépendance qui a à sa tête Bolivar dans le nord-ouest de l'Amérique du Sud, San Martin dans la vice-royauté de la Plata (la future Argentine). Entre 1813 et 1814, l'insurrection triomphe partout, élimine l'administration espagnole, réduit à l'impuissance les loyalistes.

La terreur contre-révolutionnaire.

Mais, dans le même temps, la péninsule ibérique est libérée de l'occupation française grâce à la bataille de Vittoria remportée par les Anglais, les troupes sont disponibles, le roi restauré. Ferdinand VII, qui entend bien rétablir son autorité dans les colonies révoltées, y envoie un corps expéditionnaire. Ses desseins sont servis par un concours de circonstances favorables : les insurgés sont peu nombreux, mal armés, divisés; les loyalistes qui ont repris les armes se battent aux côtés des Espagnols qui, profitant des antagonismes, prennent appui sur les Indiens contre les créoles. Le Mexique, le Venezuela, le Nord-Ouest de la partie andine de l'Amérique espagnole sont reconquis, Morales fusillé; seul San Martin arrive à se maintenir dans la région de la Plata.

La situation est renversée, l'ancien régime triomphe en Amérique comme en Europe, la terreur contre-révolutionnaire se déchaîne.

L'indépendance.

Mais le triomphe de la Restauration sera de courte durée. Il est remis en cause plus tôt en Amérique qu'en Europe où il faut attendre les révolutions de 1830. En Amérique la répression est atroce, mais son atrocité même contribue à relancer le mouvement ainsi que la valeur personnelle, la ténacité, le génie militaire de quelques hommes, dont Bolivar, San Martin, qui tiennent dans la libération de l'Amérique espagnole une place comparable à celle de Washington aux États-Unis. Enfin, les insurgés, qu'on appelle les indépendants, reçoivent l'appui de volontaires d'Europe; la fin des guerres a en effet libéré des soldats de carrière qui, sans emploi, viennent, partie pour gagner leur vie, partie par conviction et sympathie, se battre aux côtés des insurgés. D'autre part, l'insurrection des troupes espagnoles que Ferdinand VII a rassemblées à Cadix (1820) est le point de départ de la révolution espagnole qui durera trois années, jusqu'à ce que l'expédition française aboutisse avec la victoire du Trocadéro à son écrasement et au rétablissement du pouvoir de Ferdinand VII. La sédition de Cadix illustre bien l'interaction des événements sur les deux rives de l'Atlantique et la solidarité des libéraux d'un continent à l'autre, puisque c'est l'insurrection des troupes, qui refusent d'aller en Amérique écraser les révolutionnaires, qui va permettre le succès des mouvements insurrectionnels d'Amérique espagnole. Dix ans plus tard, le même phénomène se reproduit avec la révolution polonaise de novembre 1830 quand les Polonais mobilisés se soulèvent contre la Russie du tsar Nicolas qui veut les diriger contre la Belgique, sauvant ainsi l'indépendance belge et la révolution française de 1830. Les révolutions de l'Ouest triomphent par le sacrifice de celles de l'Est.

Les indépendants bénéficient enfin de l'appui de la Grande-Bretagne qui a été la première à reconnaître leurs gouvernements et des États-Unis qui s'opposent à toute intervention de la Sainte-Alliance. La fameuse déclaration de Monroe (décembre 1823) se situe dans cette conjoncture en fonction des projets prêtés au tsar d'une intervention internationale pour restaurer la domination du roi d'Espagne. Le président Monroe juge bon d'énoncer les principes qui dirigent la diplomatie américaine. Cette déclaration capitale, complémentaire de l'adresse d'adieu de Washington, signifie à l'Europe que le temps est passé de la domination coloniale en Amérique, que l'Amérique est un continent libre, et que les deux continents doivent se garder d'intervenir dans les affaires l'un de l'autre. L'Amérique est aux Américains.

Entre 1818 et 1824, les opérations ont repris et tournent à l'avantage des insurgés qui illustrent l'épopée libératrice de l'Amérique de brillants faits d'armes. San Martin franchit la cordillère des Andes et libère le Chili en 1817, tandis que Bolivar libère tout le nord du continent. San Martin remonte alors vers le nord, Bolivar descend vers le sud, et la jonction des forces s'opère sur les hauts plateaux du Pérou où la bataille d'Ayacucho, en décembre 1824, marque le point final de cette histoire puisque toute l'Amérique espagnole est libérée. Le Brésil étant indépendant depuis deux ans, l'ensemble du continent sud-américain est désormais maître de ses destinées.

CONCLUSION

Trois observations s'imposent pour dégager la portée et la signification de cette histoire.

Ces événements marquent la fin des empires coloniaux d'Europe en Amérique. Après l'empire français (1763), l'empire britannique (1783), l'empire portugais (1823), le gouvernement espagnol résigné reconnaîtra en 1836 l'indépendance de ses anciennes colonies, ne conservant plus en Amérique que les débris insulaires de Cuba et Porto Rico jusqu'à ce que, grâce aux États-Unis, ces îles obtiennent leur indépendance (1898).

L'empire espagnol disparaît, l'empire portugais est dissous, mais des liens autres que politiques subsistent cependant avec une culture et une langue communes, le catholicisme, et tout ce que les Espagnols nomment d'un terme vague, mais dont l'imprécision convient à la diversité des liens, l'hispanité.

Si l'Amérique latine est libérée, ce succès incontestable se paie pour longtemps d'un double échec politique : la faillite de l'unité et l'instabilité politique.

Sous la façade coloniale, l'Amérique avait connu une unité de civilisation et de gouvernement. Avec l'indépendance, l'unité est rompue, l'ancien empire d'Espagne se morcelle en une vingtaine de fragments, y compris les républiques d'Amérique centrale, de taille très inégale, dont la plupart ne sont pas viables. Même la Grande Colombie, qui devait réunir ce qui est actuellement la Colombie proprement dite, l'Équateur, le Venezuela et la Bolivie, tombe en pièces, marquant l'échec de Bolivar qui voulait à la fois émanciper l'Amérique et l'unifier. Son projet de congrès qui devait réunir à Panama en 1826 les représentants de tous les gouvernements pour jeter les fondements de l'unité, échoue. On lui prête ce mot désabusé à la fin de sa vie : « J'ai labouré la mer. »

Un rapprochement s'impose avec l'actuelle Afrique Noire où les anciens empires coloniaux se sont désagrégés en entités trop petites pour être viables et constituer des États-nations.

Pourquoi cet échec? Trop peu peuplé, trop vaste, avec des noyaux de population dispersés sur des milliers de kilomètres, les rivalités qui opposent les pays, l'hostilité de la Grande-Bretagne et des États-Unis qui n'ont aucun intérêt à encourager l'unité et travaillent plutôt à son morcellement, ce continent ne connaît guère de circonstances favorables à son unification politique. De là date la dissymétrie entre la puissante union du Nord, et le morcellement de l'Amérique du Sud. Cette inégalité met l'Amérique latine à la merci du Nord, et fausse, d'emblée, le contenu même du panaméricanisme qui ne peut guère être autre chose qu'un instrument de l'hégémonie politique ou économique américaine.

Sur le plan des institutions politiques, la faillite est patente, puisque aucun de ces États ne réussira à se donner des institutions stables. Depuis 1825, l'histoire de l'Amérique latine est une longue suite de coups d'État, de dictatures, de révolutions. La Bolivie a compté en moins de cent cinquante ans jusqu'à 120 coups d'État. Certes, tous les pays d'Amérique latine n'alignent pas des palmarès aussi impressionnants, mais tous connaissent une instabilité politique chronique.

4. La marche des États-Unis vers la démocratie

Elle se déroule sur une ligne distincte mais interfère, de temps à autre, avec celle de l'Europe ou de l'Amérique latine.

Sous deux rapports, les États-Unis présentent une différence essentielle avec l'Amérique latine.

En premier lieu, dès la constitution de 1787, ils ont su préserver leur unité en trouvant le moyen institutionnel de concilier l'aspiration de chaque État à son autonomie et la nécessité de présenter un front uni en face du monde extérieur. *E pluribus unum*, de la pluralité se dégage et se fortifie l'unité. Telle est la devise de l'Union américaine.

En second lieu, donnant l'exemple désormais classique d'une évolution souple dans le cadre même de la constitution, ils ont su se donner des institutions stables.

Élaborée en 1787 par une Assemblée restreinte, composée d'hommes choisis en raison de leur prestige personnel, cette constitution qui entre en vigueur en 1789, instaure un régime dont l'originalité est double. D'une part, l'existence de deux Chambres fournit une solution élégante au problème des relations entre les treize États et l'État fédéral : au Sénat, les États sont représentés sur un pied d'égalité, quelle que soit leur importance ; à la Chambre des représentants, ils le sont au prorata de leur population.

D'autre part, en ce qui concerne les rapports entre les pouvoirs, l'Union américaine est la première expérience moderne de la forme républicaine, dans un État étendu. Il faut rappeler que jusque-là, seules de petites cités l'avaient pratiquée et, au XVIIIᵉ siècle, la plupart des philosophes politiques ne conçoivent pas que la forme républicaine puisse s'appliquer à de grands États, pas même ceux qui la tiennent pour préférable et supérieure aux autres. Par là l'expérience entreprise par les États-Unis a une portée qui les dépasse largement et intéresse l'Europe elle-même.

Gouvernement républicain, mais non pas démocratique, car la République n'est pas nécessairement démocratique, la démocratie étant même plus souvent associée, dans l'esprit du XVIIIᵉ siècle, à un régime de type autoritaire. Le régime de 1787 est un régime libéral qui réserve le pouvoir à une classe aisée, instruite, de propriétaires riches. Nulle part n'est inscrit le suffrage universel, ce n'est donc pas l'ensemble des citoyens qui désigne les pouvoirs, mais le cadre peut se prêter à une évolution démocratique et l'évolution s'opérera, par degrés, vers une démocratie effective.

Cette évolution compte deux moments importants. Le premier en 1800 avec l'élection de Jefferson à la présidence. Entre 1789 et 1800, deux partis s'étaient dégagés, exprimant sur l'application de la constitution deux interprétations contraires. Le parti « fédéraliste » qui tendait au renforcement de l'État fédéral au détriment de l'autonomie des États, se recrutait dans l'aristocratie du négoce ou de la propriété. Les républicains, au contraire, se faisaient les avocats de l'indépendance la plus large possible des États et rencontraient la sympathie des « petits ». Le conflit constitutionnel se doublait donc d'une divergence d'intérêts. Aux élections de 1800, Thomas Jefferson, le candidat du parti républicain, l'emporte et redresse l'orientation aristocratique que lui avait donnée la présidence de Washington.

Parallèlement, la société se transforme spontanément avec le début de la mise en valeur des territoires de l'Ouest, au-delà des Appalaches. Un nouveau type d'hommes se dessine, une nouvelle race surgit de pionniers rudes et égalitaires. Entre eux pas question de distinctions héréditaires, de titres ou de privilèges. Avec eux, un nouvel ordre social naît qui est le fondement même de la démocratie politique et sociale. A mesure qu'ils se forment, ces nouveaux États se donnent des constitutions démocratiques qui incluent le suffrage universel et ne prévoient aucune discrimination en fonction de la propriété, de l'argent ou de l'éducation. Une démocratie de fait s'instaure à l'Ouest. A mesure que les territoires de l'Ouest accèdent au rang d'États, la balance des forces se déplace à l'avantage des républicains.

Il convient de prendre garde à l'un des pièges de la terminologie politique des États-Unis. En effet, si à l'heure actuelle, les partis américains portent le nom de républicain et de démocrate, en 1800, ce sont les républicains qui sont les démocrates.

La démocratisation s'étend aux États primitifs dont la plupart, dans les années 1820-1830, révisent leur constitution, abolissent les distinctions sociales, introduisent le suffrage universel, séparent les Églises de l'État.

Au gouvernement fédéral, la poussée démocratique se traduit, en 1828, par l'élection et l'entrée à la Maison-Blanche du général Jackson, qui personnifie le courant le plus démocratique. C'est la seconde étape de la démocratisation de la vie politique américaine.

L'élection de Jackson survient quelques mois avant la vague révolutionnaire qui balaiera l'Europe occidentale, en 1830 et, bien qu'il n'y ait aucun rapport entre les deux événements, ce synchronisme illustre bien le décalage entre l'Ancien et le Nouveau Monde. Les États-Unis pénètrent déjà dans l'ère démocratique, alors que l'Europe occidentale en est encore à l'âge libéral. Les révolutions de 1830, libérales, balayent la contre-révolution, mais n'établissent pas pour autant la démocratie et ni la Charte de 1830, ni les textes qui s'en inspirent, n'instaurent le suffrage universel.

Les États-Unis ont une génération d'avance; ils ont fait 1848 en 1828. Tocqueville quitte, au lendemain de la révolution de 1830, une France libérale, mais non démocratique, et va étudier la démocratie américaine pour se faire une idée de ce que sera la phase suivante de l'évolution de l'Europe.

Si nous laissons l'aspect interne pour considérer les relations extérieures, les États-Unis s'affirment comme puissance. Leur indépendance est sortie renforcée de la guerre qu'ils ont livrée, entre 1812 et 1815, à la Grande-Bretagne et surtout ils s'agrandissent territorialement avec la Louisiane achetée en 1803 par Jefferson à la France et la Floride à l'Espagne en 1819. Le peuplement accompagne la conquête, quelquefois la devance. En 1820, les États-Unis s'étendent déjà sur cinq millions de km^2 et leur population atteint 9 millions. Elle a presque triplé depuis l'indépendance. En 1823, la déclaration de Monroe signifie aux puissances européennes que l'ère coloniale est close sur le continent américain. Les États-Unis sont en voie de conquérir aussi leur indépendance économique. La seconde guerre d'Indépendance a précipité les choses, obligeant la nation américaine à se suffire à elle-même, les relations étant suspendues avec l'Angleterre dont elle tirait l'essentiel de ses produits manufacturés. Au rétablissement de la paix, le Congrès, pour préserver l'industrie nationale naissante, adopte un tarif protecteur : c'est à l'abri de cette barrière douanière que va se développer l'économie nationale.

Table

Avertissement 7

1. L'Ancien Régime

1. *L'homme et l'espace.*
   Monde connu et monde ignoré 19

   1. Le monde n'est pas unifié 19
   2. Les étapes de la reconnaissance du monde : des grandes découvertes à la conquête de l'espace, l'épopée géographique 24
   3. Le temps du monde fini est commencé 30

2. *Le peuplement* 33

   1. La dimension démographique 33
   2. La population et son accroissement 36
   3. La répartition entre les continents 37
   4. Le monde : à la fois sous-peuplé et surpeuplé .. 42
      Les subsistances, 43. — L'emploi, 44.

3. *L'organisation sociale de l'Ancien Régime* 46

   1. Les principes de toute organisation sociale 46

2. Les activités professionnelles...............   49
    LA SOCIÉTÉ RURALE   49
    A l'ouest de l'Europe, 51. — En Europe centrale, 52. —
    En Russie, 53.
    LA SOCIÉTÉ URBAINE   58
    Les villes, 58. — Les ports, 60. — Les bourgeoisies, 61.

3. Ordres et classes.........................   63
    LES ORDRES, LES CLASSES   64
    L'ORGANISATION SOCIALE ET SON VIEILLISSEMENT   67
    La centralisation monarchique, 68. — Les transforma-
    tions de l'économie, 69. — Le mouvement des idées
    et l'évolution des esprits, 70.
    LA RÉACTION NOBILIAIRE   70

4. *Les formes politiques de l'Ancien Régime*........   75

    1. Les sociétés féodales.....................   77

    2. Les républiques patriciennes..............   84
        Leur domaine : la civilisation urbaine, 84. — Liberté,
        collégialité, oligarchie, 85. — Leur situation au XVIIIe siècle,
        87.

    3. La monarchie absolue et administrative......   89
        Prédominance de la monarchie, 89. — Modernité de la
        monarchie absolue, 90. — Les limites de fait à l'abso-
        lutisme, 93. — L'administration affaiblit le caractère
        personnel, 95.

    4. Le despotisme éclairé....................   96
        Analogies avec la monarchie absolue, 96. — Traits dis-
        tinctifs, 97. — La postérité du despotisme éclairé, 100.

    5. Le régime britannique.................. 103
        Ses caractéristiques, 105. — Les traits communs,
        110. — L'expérience des États-Unis, 113.

5. *Les relations internationales*.................. 116

    1. Les relations entre l'Europe et les autres conti-
        nents, les empires coloniaux............... 118

    2. Les relations entre États européens......... 119

2. La Révolution, 1789-1815

Révolution française ou révolution atlantique?, 126.

1. *Les origines de la Révolution* 132

Les principes d'explication et les séries de causes, 133. —
La Révolution, simple accident?, 134. — L'influence
occulte de minorités, 135. — Les facteurs d'ordre économique, 137. — L'organisation sociale et la crise de la
société, 141. — Les causes politiques, 142. — Le mouvement des idées, leur diffusion dans l'opinion, 144.

2. *Le processus révolutionnaire et ses rebondissements.* 146

1. Deux modes possibles d'évolution : mutation
   ou adaptation 146
   Pourquoi la Révolution?, 146. — Une succession de
   révolutions en chaîne, 149.

2. Les facteurs du processus révolutionnaire. . . 154
   « LA FORCE DES CHOSES » 155
   Le problème des subsistances, 155. — La peur, 156. —
   La guerre, 157. — La question religieuse, 158.
   LES VOLONTÉS ET LES PASSIONS 159

3. La Révolution et l'Europe 160
   La première étape, 160. — La deuxième étape, 162. —
   La troisième étape, 164.

3. *L'œuvre de la Révolution* 166

1. L'État 169
   ÉVOLUTION DE LA NOTION DE POLITIQUE 169
   Comparaison avec l'Ancien Régime, 169. — Élargisse-
   ment du champ de la politique, 170. — Importance
   accrue de la politique, 171.
   LES PRATIQUES 171
   La consultation populaire, par voie d'élections, 172. —
   La délibération publique, 172. — Les nouveaux sup-
   ports de la vie politique, 172.

2. L'organisation administrative. 174
   Rôle de l'Assemblée constituante, 174. — Le gouverne-
   ment révolutionnaire, 175. — Le Directoire, 176. — Le
   Consulat, 176.

3. Religion et société........................ 179
   La tradition, 179. — Avant 1789, 180. — Rôle de la
   Révolution, 180. — Après la Révolution, 181.

4. L'ordre social............................ 182
   L'œuvre de la Révolution, 182. — L'œuvre du Consulat
   et de l'Empire, 186. — Est-ce une société bourgeoise?,
   189.

5. La nation, la guerre et les relations internationales 191
   Le sentiment national, 191. — La guerre révolutionnaire,
   193. — Le nouveau système des relations internationales, 194.

6. Conclusion. 195

4. *Le continent américain, 1783-1825*............. 197

   1. Les quatre empires...................... 198

   2. La fin des empires français et britannique.... 200

   3. L'émancipation des colonies portugaises et
      espagnoles 202
      LES CAUSES DE LA RUPTURE 202
      L'INDÉPENDANCE DU BRÉSIL 204
      LES COLONIES ESPAGNOLES : DU LOYALISME A LA SÉCES-
      SION 205
      Le point de départ, 205. — Vers l'émancipation, 206. —
      La terreur contre-révolutionnaire, 207. — L'indépen-
      dance, 208.

      CONCLUSION 210

   4. La marche des États-Unis vers la démocratie 212

Sommaire du tome 2
Le XIXe siècle

Introduction. Les composantes successives.
1. L'Europe en 1815.
2. L'âge du libéralisme.
3. L'ère de la démocratie.
4. L'évolution du rôle de l'État.
5. Mouvement ouvrier, syndicalisme et socialisme.
6. Les sociétés rurales.
7. La croissance des villes et l'urbanisation.
8. Le mouvement des nationalités.
9. Religion et société.
10. Les relations entre l'Europe et le monde.

Sommaire du tome 3

Le XXe siècle

1. D'une guerre à l'autre, 1914-1939

1. La Première Guerre mondiale.
2. Les conséquences de la guerre.
3. L'après-guerre, 1919-1929
4. La crise des démocraties libérales.
5. Le communisme et l'Union soviétique.
6. Les fascismes.
7. Les origines du second conflit.

2. La Seconde Guerre mondiale et l'après-guerre

1. La Seconde Guerre mondiale.
2. Les conséquences de la guerre.
3. La guerre froide.
4. Le monde communiste depuis 1945.
5. La décolonisation.
6. Le réveil de l'Asie.
7. L'Islam et le monde arabe.
8. Les autres mondes.
9. Et l'Europe?
   Le monde de demain : facteurs d'unité, ferments de division.

Du même auteur

AUX MÊMES ÉDITIONS

Introduction à l'histoire de notre temps
1. L'Ancien Régime et la Révolution, 1750-1815
2. Le XIXᵉ siècle, 1815-1914
3. Le XXᵉ siècle, de 1914 à nos jours
« Points Histoire » n° 12, 13, 14, 1974-2002

Pour une histoire politique
(direction)
« L'Univers historique », 1988
et « Points Histoire », n° 199, 1996

Histoire de la France religieuse
(codirection avec Jacques Le Goff)
« L'Univers historique », 4 vol., 1988-1992
3. Du très chrétien roi à la laïcité républicaine, XVIIIᵉ-XIXᵉ siècle
« Points Histoire », n° 293, 2001

Les Crises du catholicisme en France
dans les années trente
« Points Histoire », n° 227, 1996

Religion et Société en Europe
« Faire l'Europe », 1998
et « Points Histoire », n° 289, 2001

CHEZ D'AUTRES ÉDITEURS

Histoire des États-Unis
PUF, « Que sais-je ? »
(1959), 2003

Les États-Unis devant l'opinion française (1815-1852)
Armand Colin, 2 vol., 1962

Les Deux Congrès ecclésiastiques
de Reims et Bourges
Sirey, 1964

Forces religieuses et attitudes politiques
dans la France contemporaine depuis 1945
(direction)
Armand Colin, 1965

La Vie politique en France
1. 1789-1848
2. 1848-1879
3. 1879-1939
Armand Colin, 1965, 1969 et Pocket, 2005

Atlas historique de la France contemporaine, 1800-1965
(direction)
Armand Colin, 1966

Léon Blum, chef de gouvernement, 1936-1937
(en collab. avec Pierre Renouvin)
Presses de Sciences-Po, (1967), 1981

Le Gouvernement de Vichy
1940-1942 : Institutions et politiques
(édition)
Presses de Sciences-Po, 1975

L'Anticléricalisme en France de 1815 à nos jours
Fayard, 1976
et Complexe, « Historiques », 1985

Vivre notre histoire
(entretiens)
Le Centurion, 1976

Édouard Daladier, chef de gouvernement
Presses de Sciences-Po, 1977

La France et les Français
Presses de Sciences-Po, 1978

Les Catholiques dans la France des années trente
Cana, 1979

La Règle et le Consentement
Fayard, 1979

Les Droites en France
Aubier, 1982

Quarante Ans de cabinets ministériels
(direction)
Presse de Sciences-Po, 1982

Emmanuel d'Alzon dans la société
et l'église du XIXe siècle
(codirection avec Émile Poulat)
Bayard Éditions-Centurion, 1982

Prémices et essor de la résistance :
Edmond Michelet
SOS, 1983

1958, le retour de De Gaulle
Complexe, 1983 et nouvelle édition, 1998

Notre Siècle
Fayard, (1988), 1996

Cent ans d'histoire de *La Croix*
(codirection avec Émile Poulat)
Bayard Éditions-Centurion, 1988

Âge et Politique
(direction)
Économica, 1991

Valeurs et Politique
(entretiens)
Beauchesne, 1992

Paul Touvier et l'Église
(direction)
Fayard, 1992

La politique n'est plus ce qu'elle était
Calmann-Lévy, 1993
et Flammarion, « Champs », 1994

Le Catholicisme français et la Société politique
L'Atelier, 1995

Une laïcité pour tous
(entretien avec Jean Lebrun)
Textuel, 1998

L'Histoire politique du XXe siècle
autorise-t-elle un certain optimisme
ou bien justifie-t-elle quelque catastrophisme ?
Pleins Feux, 1998

L'Anticléricalisme en France de 1815 à nos jours
Fayard, 1999

Les Grandes Inventions du christianisme
(direction)
Bayard Éditions-Centurion, 1999

La Politique est-elle intelligible ?
Complexe, 1999

Regard sur le siècle
Presses de Sciences Po, 2000

Le Christianisme en accusation
(entretiens avec Marc Leboucher)
Desclée de Brouwer, 2000
et Albin Michel, « Espaces libres », 2005

La République souveraine
Fayard, 2002
et Pocket, 2005

Du mur de Berlin aux tours de New York
Bayard Éditions-Centurion, 2002

Une mémoire française
(entretiens avec Marc Leboucher)
Desclée de Brouwer, 2002

Le Dernier siècle, 1918-2002
Fayard, 2003

Le Nouvel antichristianisme
(entretiens avec Marc Leboucher)
Desclée de Brouwer, 2005

Les Droites aujourd'hui
L. Audibert, 2005
et Seuil, « Points Histoire », n° 378, 2007

L'Invention de la laïcité française
De 1789 à nos jours
Bayard, 2005

Catholiques en démocratie
(avec Alain-René Michel)
Cerf, 2006

Quand l'État se mêle de l'histoire
Stock, 2006

COMPOSITION : FLOCH À MAYENNE
IMPRESSION : NORMANDIE ROTO IMPRESSION S.A.S. À LONRAI
DÉPÔT LÉGAL : JANVIER 1974. N° 3307-19 (121971)
IMPRIMÉ EN FRANCE